CRIANZA POSITIVA Y DISCIPLINA LIBRE DE CULPA (2 EN 1)

CÓMO CRIAR A UN NIÑO FELÍZ Y EMOCIONALMENTE SALUDABLE, USANDO ESTRATEGIAS PROBADAS, AMOR INCONDICIONAL Y DISCIPLINA SIN CULPAS.

FAYE PALMER

© Copyright 2021 - All rights reserved.

The contents of this book may not be reproduced, duplicated or transmitted without direct written permission from the author.

Under no circumstances will any legal responsibility or blame be held against the publisher for any reparation, damages, or monetary loss due to the information herein, either directly or indirectly.

Legal Notice:

This book is copyright protected. This is only for personal use. You cannot amend, distribute, sell, use, quote or paraphrase any part or the content within this book without the consent of the author.

Disclaimer Notice:

Please note the information contained within this document is for educational and entertainment purposes only. Every attempt has been made to provide accurate, up to date and reliable complete information. No warranties of any kind are expressed or implied. Readers acknowledge that the author is not engaging in the rendering of legal, financial, medical or professional advice. The content of this book has been derived from various sources. Please consult a licensed professional before attempting any techniques outlined in this book.

By reading this document, the reader agrees that under no circumstances is the author responsible for any losses, direct or indirect, which are incurred as a result of the use of information contained within this document, including, but not limited to, —errors, omissions, or inaccuracies.

ÍNDICE

Introducción — vii

PARTE I

1. COMENZANDO EL VIAJE EN ARMONÍA — 3
   Las 3 cosas que debes saber y que puedes implementar hoy para comenzar tu camino de crianza positiva: — 4

2. EVALUACIÓN DE TU ESTILO DE CRIANZA ANTES DE COMENZAR — 17
   ¿Cómo sé lo que significa ser padre? — 17
   Las cuatro fuentes de conocimientos sobre la crianza de los hijos son: — 18
   Sí, la paternidad tiene que ver con el crecimiento. — 21

3. INVESTIGACIÓN CEREBRAL Y DESARROLLO INFANTIL — 31
   Aprendamos cómo se desarrollan las conexiones cerebrales al proporcionar un entorno saludable. — 35

4. LA IMPORTANCIA DE LOS PRIMEROS AÑOS — 43
   Centrarse en el primer año — 45
   Segundo año y cómo estimular el desarrollo cerebral: — 47
   Prepárate para el tercer año — 50
   Qué esperar de tu hijo en el cuarto y quinto año — 54

5. INTELIGENCIA EMOCIONAL — 60

6. MODELOS DE CONDUCTA A LOS QUE ADMIRAR — 71
   Por qué tu hijo necesita modelos a los que admirar — 71
   Los modelos de conducta son una forma de motivación — 74

7. RESPUESTAS TRANQUILAS ANTE CUALQUIER 81
SITUACIÓN

PARTE II

8. BLOQUEO DE VIEJOS HÁBITOS Y PREVENCIÓN 99
DE ARREBATOS
   Señales que indican un estilo de crianza inadecuado: 107

9. CONEXIÓN PROFUNDA, AMOR INCONDICIONAL 108
   ¿Cómo te aseguras de dar a todos una parte de este 115
   amor?

10. CREAR CONFIANZA Y VÍNCULOS EMOCIONALES 116
    Cómo generar confianza 117
    Ser un padre fiable es un gran elemento de 119
    construcción de la confianza en la crianza de los hijos:
    Cómo empezar a soltar para fomentar la 125
    independencia

11. EL TIEMPO DE EXPOSICIÓN A LA PANTALLA Y 128
    SUS EFECTOS EN EL DESARROLLO INFANTIL
    ¿Qué es el tiempo de pantalla? 128
    ¿Cómo afecta la exposición a la pantalla la salud 132
    mental de los niños?

12. OPORTUNIDADES DE DESARROLLO INFANTIL A 139
    PARTIR DE LA DISCIPLINA POSITIVA
    A continuación, se presentan cinco conceptos detrás 139
    de la Disciplina Positiva para poder utilizar este
    modelo de crianza:
    Principio # 1: 142
    Principio # 2: 142
    Principio # 3: 142
    ¿Qué debe hacer un padre cuando se presenta una 147
    situación?
    ¿Cuáles son algunos de los enemigos de la disciplina 148
    positiva?

13. HABILIDADES PARA HABLAR Y ESCUCHAR   151
    EL CÓMO: 152
    EL QUÉ: 152

14. CÓMO PASAR DEL CAMPO DE BATALLA AL   164
    LUGAR PACÍFICO

    Conclusión: 177

INTRODUCCIÓN

¿Alguna vez has considerado volar en un avión con una sola ala? ¡Probablemente estés mirando esta página horrorizado! ¿Quién en su sano juicio consideraría subirse a un avión así? Un avión con un ala no llegaría muy lejos. Ambas alas lo equilibran y estabilizan. Wilbur Wright, con su hermano Orville (de los famosos hermanos Wright que volaron el primer avión de la historia) dijo:

"Es posible volar sin motores, pero no sin <u>conocimientos y habilidades</u>".

— WILBUR WRIGHT

Se puede decir exactamente lo mismo sobre la crianza de los hijos. Como un avión con dos alas, la crianza necesita dos sistemas de apoyo. La paternidad exitosa se guía a través del conocimiento del desarrollo infantil y la habilidad de la crianza positiva. Un viaje de paternidad positiva usando amor incondicional y disciplina libre de culpa.

Hay un proverbio francés que dice:

"No hay vuelo sin alas"

Lo mismo ocurre con la paternidad. Son las alas proverbiales del conocimiento y la habilidad, las que actúan para apoyar la trayectoria del avión de la crianza. Un vuelo, no sin turbulencias, mientras que navegas por los altibajos del desarrollo de tu hijo en crecimiento.

Este libro tiene como objetivo llevarte a ti, el lector, en un viaje lleno de fantásticas e iluminadoras habilidades parentales. Al igual que el avión con dos alas, las capacidades se equilibrarán con el conocimiento y la percepción de las fases relevantes del desarrollo infantil, para alcanzar tu objetivo de tener un niño feliz y emocionalmente sano. A través del conocimiento que obtengas, podrás desarrollar tus propios métodos de disciplina libres de culpa.

El saber que adquieras, te ayudará a construir las dos alas de tu plan de crianza. El conocimiento de cómo crecen y se desarrollan los niños te dará una mayor comprensión de las habilidades mentales, físicas y emocionales que tiene tu hijo. Las pautas de este libro te ayudarán a desarrollar el yin y el yang del cuidado de los hijos.

El Yin y el Yang nos muestran cómo crear dos partes para formar un todo. Son los opuestos, pero también las partes que compiten por el todo en armonía. La clave para una crianza feliz es el equilibrio. En la filosofía del yin y el yang, el día equilibra la noche para hacer las veinticuatro horas completas. Aquí hay otras mitades que forman el todo a través de sus contrastes.

- Difícil y fácil se complementan.
- Alto y bajo se oponen.
- Lo largo y lo corto se definen entre sí.
- Proa y popa se suceden.

En la paternidad, los padres y los hijos se educan mutuamente mediante el amor incondicional y la disciplina.

Enseñar a los niños a través de conexiones y comunicación positivas es una experiencia gratificante. Nunca sin sus desafíos, pero con espacio para crecer, la crianza de los hijos es una experiencia para ser apreciada. Al igual que el dualismo del yin y el yang, hay muchos paralelos interesantes a lo largo de este viaje.

Los aviadores usan estas sabias palabras para definir el vuelo. Estas son sus tres palabras clave:

AVIÉNTATE, NAVEGA, COMUNÍCATE

- **Aviéntate:** Vuela el avión.
- **Navega:** Dirige el avión en la dirección correcta.

- **Comunícate:** Interactúa y establece relaciones para ayudarte en el camino.

Tu vuelo hacia la crianza necesitará control de tierra, control de tráfico aéreo, navegantes y pasajeros, así como un capitán. Todos los involucrados tienen un objetivo común. Un vuelo tranquilo y la alegría de llegar a su destino.

Al leer este libro, ten en cuenta el papel de apoyo del conocimiento a través de los hitos del desarrollo del niño y las habilidades a través del aprendizaje de cómo ser padre. No existe un avión estándar que te lleve en este viaje y los pasajeros, tus hijos, tendrán diferentes personalidades y agendas. Al final, todos intentarán ir en la misma dirección.

¿En qué se diferencia este libro de otros similares para padres? El equilibrio entre comprender los patrones de crecimiento de tu hijo y encontrar las habilidades para alentarlos y apoyarlos es su esencia. Se reconocen las inevitables dificultades en el camino.

Los padres son conscientes de algunas cosas que son un desafío para los niños en momentos particulares de sus vidas, simplemente porque no han alcanzado ese hito en particular. Este tipo de conocimiento ayudará con la tolerancia a través de la turbulencia.

Te dará más comprensión hacia el niño problemático de dos años que tiene rabietas, no porque quiera ser desobediente, sino porque está completamente frustrado en ese momento sin las habilidades del lenguaje para comunicarse contigo.

La conexión y la comunicación positivas ayudan a los progenitores a establecer límites saludables y pautas realistas para la crianza. Estos límites se basan en el conocimiento y están vinculados a las habilidades que se necesitan para ser padres. Como resultado de esta unión, proveniente de un lugar afectuoso, estarán en camino de criar a un niño feliz y auto disciplinado. Esta es la oportunidad que has estado buscando para transformar tus estilos de crianza y ver a tu hijo crecer y madurar frente a tus propios ojos. El amor incondicional será el combustible de tu avión. Establecerás una ruta de vuelo hacia el objetivo de tener un hijo feliz y positivo, mientras encuentras el yin y el yang de la paternidad. Abróchate los cinturones de seguridad y prepárate para una experiencia de toma y daca, una con altibajos, nunca un caso abierto y cerrado, sino una de oportunidades para alentar a un dulce Jekyll y reprimir al Sr. Hyde. Un dualismo, como el yin y el yang, resonará bien con la crianza de los hijos y las dos alas de tu plano de crianza.

Si tu hijo se está portando mal las veinticuatro horas del día, los siete días de la semana, incluso si no puede evitar reaccionar con gritos, arrebatos e incluso si has intentado todo el asunto de la "crianza positiva" antes y no funcionó, este libro describirá paso a paso cómo puedes transformar tu estilo de crianza, convertirte en el padre que deseas ser y observar cómo cambia el comportamiento de tu hijo frente a tus ojos.

¡Es hora de liberarte de la paternidad reactiva, brindarle a tu hijo el amor y el apoyo incondicional que necesita y educar al niño más feliz! Pon fin a esa culpa / vergüenza persistente que a menudo sientes después de un arrebato o de gritarle a tu hijo.

Por lo tanto, si deseas un plan de una crianza amorosa y compasiva que transforme radicalmente el comportamiento de tu hijo y te permita criar al niño más dichoso, este es el libro para ti.

PARTE I

1

COMENZANDO EL VIAJE EN ARMONÍA

El Yin y el Yang, símbolos de cómo todas las cosas existen como opuestos inseparables y contradictorios, tienen un significado profundo en el recorrido de los padres. Los opuestos se complementan. Traen un equilibrio entre ellos para lograr la armonía. Nos muestran que las fuerzas contrarias pueden coexistir e incluso depender unas de otras. Esta filosofía es excelente para aplicar a la crianza de los hijos. Los padres aprenden unos de otros y se necesitan mutuamente para aportar diferentes cualidades. La madre y el padre pueden consolarse o desafiarse mutuamente para proporcionar el entorno adecuado para educar niños sanos y felices.

"Prepárate" es un eslogan que encaja bien con el comienzo de cualquier viaje, incluido el de ser padre. ¡Hay muchas palabras sabias para guiarte y animarte! Las recomendaciones prácticas tienen más sentido y aquí tienes tres consejos básicos y útiles sobre crianza positiva para comenzar el viaje:

LAS 3 COSAS QUE DEBES SABER Y QUE PUEDES IMPLEMENTAR HOY PARA COMENZAR TU CAMINO DE CRIANZA POSITIVA:

- La crianza constante es clave.
- Llega siempre a la raíz del problema.
- Prepárate siempre para disciplinar, es decir, para enseñar, no para castigar.

Dentro de esas tres afirmaciones hay tres palabras clave a tener en cuenta:

Sé … **CONSISTENTE** … encuentra la … **RAÍZ** … **ENSEÑA** al niño.

La **Crianza Consistente** es absolutamente vital. Aquí es donde el Yin y el Yang de la paternidad pasan a primer plano y los padres unen sus diferentes fortalezas y habilidades, pero en un patrón armonioso, que conduce a una enseñanza consistente.

Uno de los aspectos más importantes de criar a los hijos es establecer límites y planificar los valores fundamentales de tu familia. Los límites y los valores, son las reglas básicas que establecen la barrera a la altura adecuada para una crianza coherente. Le dan al niño un sentido de pertenencia y de cómo debe comportarse y le dan a los padres la definición de la familia que desean.

Ambos están entrelazados y aportan una sensación de seguridad y amor a la familia, ayudando a generar el sentido del Yin y el Yang, uniendo los opuestos para el bienestar de todos.

El conocimiento de las raíces, y la comprensión de lo que está en la base de los problemas, ayuda enormemente a la crianza positiva. En cada situación hay una razón subyacente al problema. Aplicar conocimientos sólidos, o profundizar para encontrar la causa de fondo, es una herramienta de crianza muy útil. A menudo los padres asumen que su hijo no es razonable o es difícil, cuando la raíz del problema puede ser que el niño no ha alcanzado el hito de desarrollo apropiado. Esto contribuye a otro aspecto del yin y el yang de la crianza. El comportamiento y la etapa de desarrollo alcanzada por cada niño. Cuando estas dos partes de la crianza están en armonía entre sí, la crianza se hace más fácil. Los padres pueden utilizar este conocimiento para llegar a la raíz de muchos problemas. El desarrollo físico, emocional, social y cognitivo son factores importantes para el crecimiento del niño.

Enseñar y aprender como crecer a través de diferentes situaciones, ayuda a los niños a desarrollarse en la dirección correcta. La disciplina es una parte importante de la crianza, pero el tipo de disciplina que se enseña sin castigos duros es la que aumenta la moral y la confianza de los niños. Este tipo de enseñanza encaja bien con llegar a la raíz de un conflicto y ser coherente en la forma en que se imparte la disciplina. Los niños llegan a confiar en sus padres a través de este aprendizaje de raíces constante.

Esta cita es una a considerar en el nicho de lo disciplinario y la crianza de los hijos. Escrita por Jim Rohn, un emprendedor y orador motivacional:

"La disciplina es el puente entre las metas y los logros".

— JIM ROHN

Los objetivos se establecen con los valores de tu familia y los límites que les rodean. La disciplina que usa para enseñar a tus hijos desde una edad temprana, conduce al logro exitoso de criar niños felices y bien adaptados.

Estos cinco pasos básicos te ayudarán a comenzar a involucrarte con la teoría de crianza positiva de tus hijos a través de una disciplina libre de culpa.

A través de límites claros, un orden constante y pasando tiempo de calidad con tu hijo, aprenderás el valor de la comunicación clara y la construcción de relaciones amorosas duraderas.

Aquí hay cinco pasos a seguir para lograr ese objetivo:

Primer Paso:

Establecer límites

Los límites tienen que ver con respetar los deseos de los demás y saber cuáles son sus necesidades. Establecerlos afecta la forma en que ves tu propio espacio personal. Una parte importante de poner límites y respetarlos es tener empatía. Sin empatía, es muy difícil ver la necesidad de límites y seguirlos.

¿Qué tipo de límites son apropiados, te podrás preguntar? Son las pautas que nos protegen física, emocional y socialmente. Cambian a medida en que, tanto nosotros como nuestros hijos, crecemos, pero el elemento básico es decir "hasta aquí y no más" y por qué. Esta la razón por la que parte de él vínculo entre padres e hijos se forma a través del aprendizaje y del aprendizaje de los límites, y éste debe basarse en la empatía.

Por último, los límites sólo se respetarán si al romperlos se generan consecuencias. Todos los miembros de la familia deben comprenderlos plenamente y también comprender sus consecuencias.

Segundo Paso:

Tener Una Disciplina Consistente.

Esto significa que los padres reaccionen de la misma manera ante diferentes situaciones que requieran de disciplina. No hay reacciones exageradas en algunos escenarios y no se debe ignorar algo que fue un problema importante el día anterior. Los padres reaccionarán y harán cumplir la disciplina, de la misma manera, todos los días. La crianza de los hijos con una disciplina constante crea una atmósfera de seguridad y reduce la ansiedad. Los niños se vuelven responsables de sus elecciones porque saben que existe una línea constante de comportamiento.

La coherencia no es fácil. Hay muchas trampas y, en ocasiones, tú, el padre o la madre, no querrás ceñirte a los límites que has establecido porque puedes estar cansado o sentir diferentes emociones. Sin embargo, ser consistente, hace que con el tiempo sea más fácil mantener intactos tus valores familiares y de crianza.

Estas son algunas de las trampas en las que puedes caer y que alterarán tu determinación de ser coherente:

Reaccionar emocionalmente:

Las reacciones emocionales están destinadas a ser inconsistentes. Si reaccionas con ira, estallarás y serás impredecible. Trata de ponerte en contacto con la emoción antes de reaccionar y luego dale a tu hijo una respuesta calmada y racional. Respira profundamente y recuerda tu límite de disciplina constante.

Amenazar en vano:

Las amenazas sin consecuencias no ayudan a los niños a aprender una disciplina consistente. Cuando establezcas los límites que son parte de tu disciplina, asegúrate de que el comportamiento que esperas, esté en línea con las expectativas que tienes de ellos.

Querer complacer a tu hijo en cualquier situación.

Ningún padre quiere ser el "policía malo" todo el tiempo dando los castigos y controlando el comportamiento. Recuerda que los niños necesitan un padre que los respete. Intentar ser el bueno y el compañero de tu hijo no es cumplir el papel de padre.

Demasiada charla y poca acción:

Amenazar con actuar sobre algo que se considera un comportamiento incorrecto y regañar continuamente, no dará como resultado que tus hijos muestren una disciplina consistente.

Mantener tu enfoque en las malas acciones y no valorar sus buenos comportamientos:

Recuerda destacar el buen comportamiento, así como las cosas que cruzan los límites establecidos como parte del código de conducta de tu familia. Felicítalos cuando se porten bien.

Deja que tu no, sea no:

A veces es un reto mantenerse en la respuesta del NO. Es importante retener esta decisión para atenerse a una respuesta de no. Intenta decir: "Lo pensaremos" o "tal vez" en lugar de un "no" rotundo y luego no poder cumplirlo.

Enfrentarte a tu pareja por temas de crianza:

Los niños pueden ser muy buenos en esto. No caigas en la trampa de enfrentarte a tu compañero de crianza. Manténganse firmes y unidos.

Una de las cosas más importantes de la disciplina consistente es permanecer unidos como padres. Cuando ambos se apoyan el uno al otro, la disciplina es mucho más fácil.

La canción "Stand by Me" me viene a la mente cuando se pienso en padres que se mantienen juntos

> ***Quédate a mi lado,***
> *(parte de la letra dice)*
> *Si el cielo al que miramos*
> *Cayera y se derribara*
> *O la montaña se desmoronara en el mar*
> *No lloraré, no lloraré*
> *No, no derramaré una lágrima*
> *Siempre y cuando estés a mi lado.*

Cuando los padres se unen, los desafíos de la crianza de los hijos son más livianos, se tiene un compañero para enfrentar los momentos difíciles.

Paso tres:

<u>Pasa tiempo de calidad con tus hijos.</u>

Esto puede parecer una tarea imposible cuando ya tienes una agenda muy ocupada. Sumado a eso, los niños de hoy también tienen horarios ocupados. ¿Cómo pueden pasar tiempo de calidad juntos? Bueno, tienes que planificarlo, e incluso si es un período corto, ¡tiene que ser de calidad! No es un tiempo en el que pasas la mitad concentrado en tu teléfono o participando en otra actividad. El tiempo de calidad está clasificado como uno de nuestros lenguajes del amor. Si vas a transmitir el amor a través de los momentos con tu hijo, estos deben ser momentos de calidad.

A continuación, te ofrecemos algunas sugerencias para pasar tiempo de calidad con tu hijo:

- Programa citas regulares: El tipo de la cita dependerá de la edad y el interés del niño. El punto es concertar un momento especial. Salgan a caminar juntos, hagan galletas, compren helados o vean una película. Todas estas ideas podrían hacer un plan muy especial.
- Dedica tiempo extra para contar cuentos de calidad en la rutina antes de acostarse: Resérvate un tiempo para hablar sobre tu día y averiguar qué tipo de día tuvo tu hijo también.
- Haz ejercicio o caminen juntos: Tomate un tiempo de tu día para hacer algo de ejercicio juntos o, según la edad de tu hijo, vayan a caminar. Ve al parque y disfruta viendo a tu hijo correr, saltar y trepar también antes de irse a casa.
- Organiza un campamento o un picnic en el jardín: Prepararse para este tipo de actividad familiar y tomar fotografías del evento, es una forma de estrechar lazos y pasar tiempo de calidad.
- Una noche de cine familiar es otra actividad para pasar momentos juntos en familia, con palomitas de maíz y todas las delicias de ir al cine. Sí, hay una película, pero asegúrense de verla juntos y hablar sobre ella al final.
- Dependiendo de la edad de tus hijos, la noche de juegos familiares es otra forma de pasar tiempo de calidad juntos. Saca el juego favorito de la familia y disfruta de la competencia.

Paso cuatro:

Aprendan como comunicarse entre sí

La comunicación se trata de escuchar y hablar con tus hijos. Si lo haces bien, tienes más posibilidades de fomentar relaciones positivas entre ustedes.

Los canales comunicativos se abren con tu hijo desde que nace. Brindar un ambiente seguro con respuestas suaves a los primeros sonidos de tu bebé, inicia esa sensación cercana de vínculo que necesitas para una interacción significativa.

A continuación, se incluyen algunos consejos a tener en cuenta para la comunicación temprana:

- Dale a tu bebé o niño pequeño toda tu atención a través de tu lenguaje corporal y los suaves sonidos que haces.
- Fomenta escuchar y responder a todo tipo de cosas. La comunicación interactiva es importante.
- Ayuda a tu hijo a compartir sus sentimientos, ya que esto te ayudará a comprenderlo mejor.
- Tomate un tiempo para realmente hablar entre ustedes. La hora de la comida es el momento perfecto para las discusiones familiares.
- Apaga todas las distracciones para que puedan concentrarse el uno en el otro.
- Sé consciente del lenguaje corporal de tu hijo. A menudo, hay señales de que algo no está bien antes de que haya comenzado a hablar.

- La escucha activa es un aspecto clave de una buena comunicación.

La escucha activa es una habilidad que los padres deben aprender, y esta es crucial respecto a la crianza de los hijos.

El lenguaje corporal es importante. Esto significa que muestres con tus expresiones faciales y el contacto visual, que realmente estás escuchando. Tienes que observar las expresiones faciales de tu hijo para saber si hay ansiedad, confusión o enfado. Sus caras también expresarán alegría y emoción.

Practica basarte en lo que dicen con palabras de aliento como "de verdad" o "por favor, cuéntame más". Reformular lo que ha dicho tu hijo es otra forma de contribuir a la comunicación entre ustedes. Deja que tu hijo termine lo que está diciendo y trata de no interrumpir su historia. Ayuda con empatía y sacando a relucir lo que tú o ellos pueden haber estado sintiendo.

Los padres necesitan recordar que comunicarse no se trata solo de dar instrucciones. A veces es fácil olvidar que decirles a los niños lo que hacer todo el tiempo, no es realmente comunicación. Eso es más capacitación. La comunicación sana y feliz, ayuda a fortalecer la relación con tu hijo. Cuando estás siempre dando instrucciones, es posible que tu hijo simplemente se apague y no quiera escuchar lo que tienes para decir.

Prueba estas sugerencias para abrir las puertas a una mejor comunicación:

- Procura que las conversaciones requieran algo más que una respuesta de una sola palabra.
- Di cosas como:
- *"Oh, eso fue increíble, dime más ..."*
- *"Vaya, qué interesante, entonces, ¿qué pasó después?"*
- *"Ya veo y cómo te sentiste después de eso ..."*
- Trata de usar aspectos positivos en la conversación, como por favor haz esto o aquello, no siempre no hagas algo. "No" es negativo y detiene la conversación.
- Piensa en utilizar a la primera persona "Yo" en la conversación, no "tú".

"Eres muy desordenado" conviértelo en: "Necesito que limpies tu habitación."

"O necesitas tener mejores modales en la mesa" conviértelo en: "Necesito que comas bien con cuchillo y tenedor." Quita la palabra acusadora fuera del foco del niño.

- No etiquetes a los niños ni les digas palabras desagradables. Decirles que se portan mal o avergonzarlos con rótulos despectivos, no es bueno para su moral ni para la comunicación contigo.
- Hazle saber a tu hijo que es amado y aceptado, y que es su comportamiento lo que no te gusta, y no él, cuando le estás disciplinando. Esto, a su vez, permitirá que se sienta bien consigo mismo y quiera complacerte más. Esto abre líneas de comunicación entre ustedes.

Paso cinco:

Haz cumplidos siempre que puedas

El simple hecho de elogiar a tu hijo refuerza su confianza y le ayuda a ver en qué es bueno. Felicitar los comportamientos que te gustan es bueno para la formación del carácter. Los padres pueden halagar con éxito a los niños de distintas edades, en función de las etapas de desarrollo en las que se encuentren durante esa fase concreta. En este caso, conocer los logros apropiados ayuda a seleccionar el tipo de elogio adecuado. Por ejemplo, el reconocimiento del aprendizaje para ir al baño en los niños pequeños. Los elogios por compartir pueden encajar con el inicio de la educación preescolar o con la llegada de un nuevo hermano. Los cumplidos por los deberes y las buenas notas van bien con los niños que concurren a la escuela primaria, etc.

Dar y recibir elogios contribuye en gran medida a establecer relaciones. Los cumplidos que elogian el carácter, son los que ayudan a forjarlo. Estos cumplidos mejoran el sentimiento de autoestima de tu hijo. Los halagos ayudan a sacar lo mejor de los niños.

Ahora que cuentas con estos cinco pasos básicos para una crianza positiva, tienes un punto de referencia que puedes utilizar para hacer un balance de tus propias habilidades como padre. En el segundo capítulo, realizarás una auditoría de tu estilo de crianza. Incluso si es la primera vez que ejerces de padre o madre, tendrás alguna idea de lo que significa serlo. ¿Cómo has obtenido esas ideas y cómo las vas a poner en práctica?

Una auditoría tiene que ver con el equilibrio. Jill Wagner, actriz, personalidad de televisión y modelo con una gran ética de trabajo ha dicho:

"Siempre hago una auditoría mental al final de la semana para asegurarme de que estoy equilibrando el tiempo entre mi carrera y mi vida personal".

— JILL WAGNER

Aplica esto a tu vida como padre y obtén el equilibrio correcto entre la paternidad positiva y la psicología del desarrollo.

2

EVALUACIÓN DE TU ESTILO DE CRIANZA ANTES DE COMENZAR

Hacer un balance o auditar tu potencial parental antes de comenzar este próximo capítulo, es una buena idea. Los controles y equilibrios de la crianza de los hijos o cualquier actividad en la que te embarques, marcarán la diferencia en el resultado o los resultados a los que aspiras.

El equilibrio de la crianza de los hijos, suele consistir en acertar en la conexión y la independencia. El dualismo de los altibajos. Cada acción en tu estilo de vida como padre, será necesariamente una nota alta. El equilibrio de las habilidades parentales es un reto, y todos los padres se enfrentan al desafío de la crianza definitiva.

¿CÓMO SÉ LO QUE SIGNIFICA SER PADRE?

Hay cuatro fuentes que la mayoría de la gente utiliza para referirse a las habilidades parentales. La crianza de los hijos no viene con un manual. Los niños no nacen con un libro de instrucciones. La mayoría de los futuros padres, recurren a estas cuatro fuentes para obtener conocimientos sobre crianza. Una vez que hayas evaluado estas fuentes de conocimientos sobre la educación de los hijos, podrás auditar las habilidades que has obtenido de ellas y analizar de forma objetiva lo que crees que te servirá, y lo que deberías modificar, o simplemente descartar.

LAS CUATRO FUENTES DE CONOCIMIENTOS SOBRE LA CRIANZA DE LOS HIJOS SON:

1. Aprendemos de nuestros padres

Puede que hayamos tenido unos padres increíbles, con todas las cualidades que uno querría emular. Nuestra vida en el hogar puede haber sido la más feliz y perfecta en todos los sentidos y la que querríamos tener para nuestros hijos. Por otro lado, es posible que nuestra educación tenga defectos, que no deseamos trasladar a nuestra propia vida familiar. En cualquier caso, nuestros padres nos habrán enseñado algo acerca de la crianza de los hijos. Cuando hay dos padres en la pareja, hay dos conjuntos de experiencias, culturas y tradiciones en la mezcla. Los estilos tradicionales de crianza de los hijos, pueden no encajar bien en el mundo actual. La educación de los hijos de hoy en día, necesita más orientación debido a la tecnología y a la mayor presión sobre las familias para que rindan en el ritmo acelerado de este siglo.

2. La crianza de los hijos se puede aprender de libros, revistas, o artículos sobre paternidad

Hay una gran cantidad de información disponible. Es difícil decidir qué leer con todas las opciones que hay. Encuentra un estilo que se adapte a tu vida familiar y estate abierto a sugerencias e ideas. Prueba las ideas que creas que puedes manejar en función de tus valores familiares. Tener un objetivo en mente te da la dirección que necesitas. Encontrar una publicación sobre la crianza de los hijos que te permita alcanzar ese objetivo, ayuda a filtrar los distintos tipos de consejos. Obtener una visión general a través de un libro completo, ayuda inicialmente. A continuación, busca ayuda adicional sobre aspectos específicos, como el aprendizaje para ir al baño o los patrones de sueño, así como información sobre la dieta y la alimentación. Todos estos tipos de consejos te ayudarán a construir un perfil de crianza, pero tener un objetivo en mente te mantendrá centrado.

3. Observamos a nuestros amigos con sus familias

No hay nada tan consolador como ver a personas que conoces bien manejar a sus hijos. Ver una buena crianza en acción, ayuda a los nuevos padres a sentir que no están solos en esta experiencia. Tienen otros padres con los que hablar. Los amigos cercanos o los hermanos que participan activamente en la crianza de sus hijos, son una opción reconfortante para pedir consejo. Puede que tengan la respuesta perfecta para tu problema, y al mismo tiempo serán empáticos. Los amigos pueden indicarte la dirección correcta si necesitas ayuda profesional. Sentirás que estás en la misma página con aquellos amigos que son padres al mismo tiempo que tú.

4. La crianza de los hijos se puede aprender de ellos, como aprendemos en el trabajo

No hay nada como aprender sobre la marcha. Cuando lleguen tus hijos, tendrás que adaptar tu paternidad para que se adapte a tus necesidades y a tu vida familiar. Realmente es una experiencia práctica, y sentirás que has sido arrojado al abismo. Uno de los mejores consejos es tener metas y límites parentales que reflejen tus valores. Esto te dará la base para criarlos. Es un punto de referencia para equilibrar tu acto de crianza.

Aprender lecciones de vida de nuestros hijos se asemeja a mirarse en un espejo.

> *La Dra. Christina Hibbert escribió:*
> *Nuestros hijos son espejos.*
> *A través de ellos vemos nuestros defectos*
> *Nuestros errores, nuestra humanidad.*
> *A través de ellos vemos nuestras*
> *fortalezas, nuestros dones, nuestro profundo amor.*
> *Lo mejor y lo peor de nosotros*
> *se refleja cuando somos padres.*
> *Mientras prestamos atención a estas*
> *reflexiones, aprendemos, mejoramos.*
> *Y crecemos.*

SÍ, LA PATERNIDAD TIENE QUE VER CON EL CRECIMIENTO.

Cuando audites tus habilidades como padre, estos son algunos de los puntos que debes comprobar para equilibrar tu rendimiento. Esta lista de comprobación está aquí para guiarte, pero debes saber que cada familia es única. La reflexión sobre estas habilidades tiene por objeto mejorar el crecimiento personal y no juzgar.

Habilidades de crianza para tu lista de verificación

1. Dar amor y afecto de manera comprensiva

Esto puede parecer bastante obvio. Los padres quieren a sus hijos, ¿verdad? Sí, lo hacen, pero la habilidad que hay que comprobar aquí es la de dar apoyo. Los padres pueden ser demostrativos con abrazos y montañas de afecto físico. Esto está muy bien, pero ¿qué pueden hacer los padres para demostrar su amor de forma solidaria? Esto va más allá de los abrazos y los besos.

Aquí hay algunas sugerencias si sientes que tu apoyo está faltando:

- Diles a tus hijos cuando creas que están haciendo algo bien. Agradéceles y diles qué es lo que están haciendo correctamente.
- Pasa tiempo con ellos leyendo cuentos, jugando juegos, escuchando música, haciendo algo juntos o saliendo de excursión.
- Agradéceles por ser tan maravillosos o por hacer algo que tú apreciaste o encontraste útil.

- Haz de la hora de dormir ese momento especial del día en el que se aprecian el uno al otro y termina el día con un aspecto positivo.
- Crea recuerdos juntos a través de las tradiciones familiares o comienza un nuevo tiempo de unión familiar.
- Prioriza el tiempo a solas con tu hijo. Esto es especialmente significativo si tienes más de un hijo.
- Sé entusiasta y demuestra lo emocionado que estás por las cosas que motivan a tu hijo. Prepárate para unirte y apoyar estas actividades.

2. Construye relaciones

Pasar tiempo de calidad con tu hijo y generar confianza son dos factores importantes relacionados con la construcción de relaciones. En tu auditoría de los balances de crianza, ¿has verificado la cantidad de tiempo de calidad que pasas con él? ¿Tu hijo confía en ti en el día a día?

Las relaciones se construyen, eso significa que no ocurren por casualidad. El tiempo de calidad con un niño ayuda a construir la relación como vínculo entre padres e hijos. La vinculación conduce a la confianza y, con el tiempo, los niños aprenden a confiar en sus padres.

A continuación, se ofrecen algunas sugerencias de formas de establecer relaciones:

- Escucha a tu hijo y demuestra empatía. Trata de entender las cosas desde su punto de vista. La conexión con tu hijo a menudo comienza con ser un buen oyente.

- Jueguen juntos. Los niños aprenden a través del juego y cuando te unes a sus rutinas de juego, te convertirás en parte de su mundo.
- Compartan la hora de comer juntos. Reunirse en familia a la hora de comer, es uno de los mejores momentos para desarrollar las relaciones familiares.
- Reserva un tiempo a solas sin distracciones. Esto no tiene que ser una gran cantidad de tiempo, pero debe ser de calidad, solo para ustedes dos juntos.
- Lee libros con tu hijo. Hay historias increíbles sobre todo tipo de temas, historias de fantasía y buenas historias antiguas con moralejas y lecciones para aprender juntos.

Demuestra que amas y valoras a tu hijo. El simple acto de tocar y mostrar afecto es una manera perfecta de construir una relación amorosa y de confianza.

3. Enseña a tu hijo cómo volverse independiente

La independencia es definitivamente algo que los niños pueden aprender, y solo aprenden esta habilidad si sus padres les permiten hacer las cosas por sí mismos. Cuando los padres hacen todo por sus hijos, el mensaje que transmiten es que no confían en que ellos se vuelvan autosuficientes. Echa un vistazo a tu paternidad hasta la fecha. ¿Cuánta independencia has estado fomentando? Comienza con cosas pequeñas y ayuda a tu hijo a seguir adelante con lo que estaba haciendo de forma independiente. Utiliza pequeñas tareas del hogar, pero asegúrate de que sean apropiadas para su edad.

Prueba algunas de estas ideas para ayudar a tu hijo a ser independiente:

- Haz una lista de las cosas que tu hijo podría hacer por sí mismo. Empieza con cosas de la casa, como cepillarse los dientes o hacer su propia cama, y aumenta gradualmente el nivel de actividad y el rango de independencia.
- Haz que tu hijo termine lo que se espera que haga y luego elogia su logro.
- Dales tareas domésticas que puedan manejar y que impacten en toda la familia.
- Anímalos a jugar con sus hermanos menores o con los hijos de tus amigos para que vean qué tan maduros son en comparación y para que puedan asumir responsabilidades.
- Cuando lleguen a la edad escolar, déjales preparar y empacar su almuerzo escolar y su bolsa. Si dejan algo atrás, no corras detrás de ellos, déjalos sentir la responsabilidad de cuidarse a sí mismos de esta pequeña manera.
- Ten una rutina en casa a la que deban ceñirse y ser responsables.
- Deja que tu hijo tome algunas decisiones y luego asegúrate de que continúe con su decisión.
- Anima a tu hijo a resolver sus propios problemas. Hazles saber que estás allí para darles orientación, pero hay algunas cosas que podrían resolver por sí mismos.

4. Proporciona educación y ayuda a tu hijo a aprender

Este es un punto importante que debes verificar en tu auditoría. Proporcionar educación no se trata solo de encontrar la escuela adecuada. Se trata de enseñar habilidades para la vida y ofrecer vías de aprendizaje. El aprendizaje también viene con un buen modelo a seguir. ¿Tu hijo ve que el hecho de aprender es importante para ti y tu familia?

Estas son algunas de las formas en las que puedes brindar educación y aprendizaje a tu hijo:

- Trata de comenzar pronto, porque tu hijo está listo para aprender a una edad temprana. Esto no significa que tengas que enviarlos a la escuela, hay muchas cosas que puedes hacer para fomentar la enseñanza temprana, incluso antes de que tu hijo esté listo para ir a la escuela.
- Fomenta la lectura y el amor por los libros. Comienza con libros ilustrados y momentos compartidos de lectura, hasta que tu hijo haya dominado la habilidad de leer por sí mismo.
- Averigua qué le interesa a tu hijo y luego concéntrate en esos intereses. Los niños pasan por fases dependiendo de lo que les ha llamado la atención. Dinosaurios, mascotas, autos, peces, lo que sea, hay muchas opciones interesantes para apoyar.
- Descubre cuál es el estilo de aprendizaje de tu hijo. Hay tres estilos principales: Visual, auditivo y anestésico. Saber qué estilo prefiere tu hijo le ayudará a aprender mejor.
- Realiza juegos para hacer que el aprender sea divertido y algo

en lo que puedas participar. Esto es particularmente aplicable a los estudiantes más jóvenes.
- Anima a tu hijo centrándose en lo que está aprendiendo y no en lo bien que lo está haciendo en esa tarea concreta.
- Haz de cada día un día para aprender algo. No tiene que ser académico. Podría ser hornear galletas o pasear al perro. La clave es aprender a experimentar una novedad.

5. *Habilidades de manejo del estrés:*

En primer lugar, como padre, debes reconocer que tu hijo sufre algún tipo de estrés. ¿Conoces los signos del estrés y, si los conoces, puedes ayudarle a manejar estos problemas? Todos experimentamos estrés en algún momento de nuestras vidas. Es la naturaleza del mundo en el que vivimos. En tu auditoría personal del estrés, ¿sientes que ayudas a tu hijo con algunas estrategias para manejarlo, o simplemente lo ignoras y quizás sin saberlo lo agravas? Hay muchos indicadores de que tu hijo puede estar estresado. Lo sabrás cuando muestre un comportamiento inusual, como estallidos de lágrimas, morderse las uñas, enuresis nocturna, pérdida del apetito, quejarse de dolor de estómago y otros signos físicos.

¿Qué puedes hacer para ayudar a tu hijo con su estrés?

- Ten una rutina constante y práctica en casa que ofrezca una dieta saludable, buenos patrones de sueño y ejercicio.
- Conserva un horario sencillo. Cuando hay eventos adicionales en la escuela, reduce el horario que tiene en casa. Mantén un equilibrio de actividades.

- Haz comentarios y pregúntale cómo se siente. Mantén abiertas las líneas de comunicación para discutir cualquier tipo de estrés.
- Utiliza algunos procesos relajantes. Dependiendo de la edad de tu hijo enséñale ejercicios de respiración, caminar y relajarse al aire libre, yoga o escuchar música. Existen numerosas formas de ayudarle a relajarse durante los momentos estresantes.

6. Ayudar a tu hijo a saber cómo mantenerse a salvo:

Nuestro mundo crece a diario de muchas maneras. Las ciudades son enormes, la tecnología avanza todos los días y los niños están expuestos a muchas más cosas que antes. Los padres deben ayudar a sus hijos a mantenerse protegidos. A medida que los hijos crecen, los padres deben estar preparados para señalar los peligros que pueden enfrentar y brindarles habilidades para enfrentarlos.

¿Cuáles serían las mejores habilidades de afrontamiento para compartir con tus hijos?

- El factor más importante en todas las formas en que los padres pueden ayudar a sus hijos es mantener una relación cercana con ellos. Mantén fuerte tu relación padre/hijo, para que él sepa que puede depender de ti en todas las circunstancias.
- Enseña reglas de seguridad personal desde una edad temprana. Cómo cruzar la calle, evitar hablar con extraños, saber en quién confiar o pedir ayuda en caso de extravío,

saber tu nombre y tu número de contacto. Todas estas son habilidades de afrontamiento de la calle.

- Enséñale sobre la privacidad corporal personal. Dile que nadie debe tocarle en lugares privados o involucrarle en "juegos" que son secretos. Los niños son muy vulnerables y los padres deben enseñarles cómo hablar si sucede algo con lo que no se sienten cómodos.

- La ropa de seguridad es muy importante, haz que los cascos sean obligatorios para cualquier deporte al aire libre de movimiento rápido. Cinturones de seguridad en automóviles para proteger los vehículos de motor, y enseña a tu hijo a nadar

- Seguridad en el entorno doméstico. De hecho, tu hogar puede ser un lugar peligroso para tu hijo si no eres consciente de practicar la seguridad. Los enchufes, estufas, cuchillos, cajas de medicamentos y productos químicos de limpieza fuertes presentan peligros. Todo lo que sea un riesgo para los niños, especialmente las cajas de medicamentos, debe mantenerse fuera de su alcance. Enséñales sobre enchufes y cosas calientes en la estufa desde una edad temprana. Hay fundas para enchufes y otros dispositivos de seguridad en el hogar que puedes comprar y cuando tu hijo esté listo para comprender la razón de tu "NO", las amenazas de seguridad se vuelven más fáciles.

7. Proporciona disciplina positiva.

La mayoría de nosotros tenemos recuerdos negativos de la disciplina, ya que es posible que nos hayan criado en un entorno familiar severo.

Sin embargo, el estilo actual de crianza de los hijos ha cambiado y la disciplina ya no se trata de ser el ogro estricto, sino que las tendencias actuales reconocen el aspecto de la disciplina que la utiliza como herramienta de enseñanza. Se trata de ayudar a los niños a aprender y fortalecerse para adaptarse bien a la vida.

Sigue estas tendencias sobre la crianza positiva:

- Pasa tiempo de calidad con tu hijo. Se recomienda al menos quince minutos al día de tiempo de calidad como una habilidad de crianza positiva.
- Mantente informado sobre el desarrollo infantil y trata de aprender cosas nuevas sobre cómo está creciendo tu hijo.
- Establece contactos con padres y amigos de ideas afines. Únete a un grupo de apoyo para compartir ideas y ayudar a resolver problemas.
- Cuídate manteniendo un estilo de vida saludable.
- Establece los valores y límites de tu familia para ayudarte con tus metas de crianza.

Nadie quiere caer en la trampa de los malos padres. Los principales problemas de la mala crianza de los hijos se pueden cuantificar en cinco categorías observadas. La razón para observar estas áreas es utilizarlas como un equilibrio entre la buena y la mala educación y desviar las tendencias de lo malo hacia lo bueno. Estas cinco áreas simplemente no son negociables cuando se trata de la crianza de los hijos de una manera positiva y libre de culpa:

1. Retirar cualquier signo de amor o afecto de un niño.
2. Tener poca o ninguna disciplina.
3. Avergonzar o etiquetar a un niño.
4. Tener una disciplina muy rígida o estricta.
5. No proporcionar un entorno hogareño seguro y afectuoso.

Cada una de estas categorías básicas tiene diferentes atributos, pero en conjunto dan lugar a una mala crianza y a un entorno inestable para que los niños crezcan.

En nuestro mundo, los controles y equilibrios de buena gobernanza tienen su lugar y se utilizan para ayudar a reducir errores y prevenir comportamientos inadecuados. No hay nada malo si tienes un reconocimiento en casa y miras tus controles y balances. Tu conocimiento y práctica de la crianza positiva deberían aumentar. Nadie es perfecto, pero estar atento a las metas y seguir adelante es lo que hace que tu viaje como padre sea positivo.

"La vida es como andar en bicicleta. Para mantener el equilibrio debes seguir moviéndote."

— ALBERT EINSTEIN

Ten en cuenta esa cita mientras pasas a los siguientes capítulos y aprendes más sobre el desarrollo infantil y la crianza positiva.

INVESTIGACIÓN CEREBRAL Y DESARROLLO INFANTIL

¿Sabías que el cerebro es una parte asombrosa del cuerpo de tu hijo? Es el centro del cuerpo que comanda todo lo demás. Al nacer, el cerebro tiene una cuarta parte del tamaño que tendrá. Luego, se duplica durante el primer año y sigue creciendo rápidamente. A la edad de 3 años ha alcanzado el 80% de su capacidad adulta. Cuando tu hijo llega a la edad de 5 años, está al 90% de su capacidad total. Al nacer, un bebé tiene todas las células cerebrales o neuronas que necesita, pero es el proceso de conectar estas células lo que realmente hace que el cerebro funcione. Durante el proceso de conexión, el niño aprende a moverse, pensar, aprender el lenguaje y alcanzar diversos objetivos. Estos son los componentes básicos que tu hijo necesita para convertirse en un adulto maduro. De estos patrones de crecimiento se desprende claramente que el mejor momento para el desarrollo es hasta los cinco años. Estos primeros años son el mejor momento para desarrollar habilidades de pensamiento de orden superior, como resolución de problemas, automotivación y comunicación.

Quizás te preguntes cómo realmente funciona este proceso.

Las experiencias cotidianas, construidas a través de una interacción positiva con los padres y cuidadores, contribuyen a este desarrollo. Estas experiencias diarias determinan qué conexiones cerebrales se desarrollarán y cuáles durarán toda la vida. En el primer año de vida es cuando el bebé comienza a establecer esta conexión entre los padres, la estimulación y las células cerebrales.

Cuando los progenitores y cuidadores interactúan positivamente con el niño, literalmente están construyendo esos conectores entre estas células. Las actividades simples de hablar, leer, cantar y jugar con los niños son cruciales para el desarrollo cerebral.

El cerebro es en realidad como un sistema de cables y conexiones. Los mensajes se transmiten entre las neuronas cerebrales, y estas reacciones se denominan sinapsis. La ciencia nos dice que durante los primeros tres años el cerebro del niño tiene casi el doble de sinapsis que durante la edad adulta. El cerebro trabaja horas extra durante estos primeros tres años. El uso repetido de sinapsis refuerza estas conexiones.

Cuando el bebé nace, puede reconocer el sonido de la voz de su madre y pronto nota la diferencia entre los objetos inanimados y sus padres, especialmente la figura materna.

El rápido desarrollo de las habilidades motoras en el primer año se atribuye al crecimiento del cerebelo, que triplica su tamaño. Los circuitos del lenguaje se consolidan durante el ajetreado primer año a medida que crecen los lóbulos frontal y temporal del cerebro. El primer idioma y los sonidos del niño se imprimen en el cerebro. En el segundo año, el cerebro desarrolla capacidades cognitivas. Las habilidades de pensamiento de orden superior se desarrollan como la autoconciencia y las emociones. Cuando llega el tercer año, el cerebro comprende el tiempo presente y pasado y las funciones cognitivas mejoran a diario. Todo este desarrollo temprano es el comienzo de muchas actividades de pensamiento y habla. Sin embargo, hay un inconveniente. Si un niño está expuesto a la negatividad en esta etapa, estas experiencias tienen un efecto adverso enorme en su logro y satisfacción.

A continuación, presentamos algunos datos interesantes sobre el cerebro y el desarrollo de la primera infancia:

- Al cerebro le gusta construir sobre experiencias repetitivas, especialmente cuando los sentidos están involucrados.
- El cerebro disfruta de la música.
- El movimiento se relaciona bien con el cerebro.
- El estrés no estimula las funciones cerebrales.
- El cerebro está haciendo la mayor cantidad de conexiones para el crecimiento y el desarrollo cuando el niño es muy pequeño.

¿Qué sucede a medida que se desarrolla el cerebro y cómo puede la investigación ayudar a los padres en los primeros años de vida de sus hijos? Muchos padres quieren respuestas a esta pregunta. Si observamos tres áreas clave, la corteza visual, el cerebelo y la mielinización, podemos aprender algunas de sus complejidades. ¡Hay una gran cantidad de actividad en la cabeza de tu bebé!

Corteza visual:

Cuando nace el bebé, todo está un poco borroso, pero a los seis meses hay un crecimiento rápido y el bebé puede ver la percepción de profundidad, y su visión es casi tan clara como la de un adulto. Dejar que tu hijo vea colores, formas y movimiento le ayuda a desarrollar estas áreas de visibilidad.

Cerebelo:

Desde darse la vuelta por sí mismo hasta gatear y caminar, tu hijo ha progresado rápidamente en sus habilidades motoras. Este desarrollo llega a través del cerebelo, que triplica su tamaño durante esta fase. Estimular el movimiento mediante el uso de brazos y piernas ayuda a aumentar las habilidades motoras finas y gruesas.

La mielinización:

Las células nerviosas que permiten una transferencia más rápida de señales cerebrales ayudan al cerebro del bebé a recibir y transmitir mensajes más rápidamente. Estos nervios se desarrollan con velocidad a medida que el cerebro aumenta de tamaño.

APRENDAMOS CÓMO SE DESARROLLAN LAS CONEXIONES CEREBRALES AL PROPORCIONAR UN ENTORNO SALUDABLE.

Los diferentes entornos y comportamientos que rodean al bebé y al niño pequeño afectarán su desarrollo cerebral. Saber cómo proporcionar la mejor estimulación general y la mejor atmósfera para desarrollarse es un componente muy importante para su crecimiento saludable. Los niños crecen a través de diferentes tipos de interacción con las personas que les rodean. Hay interacciones sociales, crecimiento físico, fomento del desarrollo cognitivo y también del lenguaje. Los pequeños necesitan desarrollar sus sentidos, ampliar su memoria y su capacidad de razonamiento. El desarrollo del lenguaje ocupa un lugar destacado en la lista de crecimiento interactivo, mientras que el cerebro trabaja con las habilidades motoras, el desarrollo emocional y ayuda al niño a madurar y estar listo para el aprendizaje formal.

Daniel J. Siegel, que escribió "El cerebro completo del niño", dijo lo siguiente sobre el desarrollo del cerebro:

"A medida que los niños se desarrollan, sus cerebros 'reflejan' el de sus padres. En otras palabras, el propio crecimiento y desarrollo de los padres, o la falta de ellos, impactan en el cerebro del niño. A medida que los padres se vuelven más conscientes y emocionalmente sanos, sus hijos cosechan las recompensas y también avanzan hacia la salud ".

— DANIEL J. SIEGEL

Aquí hay diez áreas de crecimiento que están teniendo lugar dentro de los dominios del desarrollo del cerebro de tu bebé. Estas áreas satisfacen las necesidades de su desarrollo físico, mental, social y emocional. Además, hay algunas cosas que se deben evitar durante este período de crecimiento extra especial.

1. Nutrición:

Una nutrición adecuada durante el transcurso de la primera infancia está estrechamente relacionada con el desarrollo cerebral. Una dieta saludable que proporcione todas las proteínas, vitaminas y minerales adecuados ayudará al cerebro a crecer y desarrollarse de forma natural. Si bien dicen que el pecho es lo mejor para el bebé, la mamá también necesita una nutrición adecuada. Asegúrate de tener una dieta saludable a base de huevos para obtener proteínas, verduras de hoja verde y pescado para obtener ácidos grasos Omega 3. La mamá también necesita mucho líquido para amamantar. Recordar cómo está creciendo el cerebro en esos primeros años es una buena forma de generar hábitos alimenticios saludables.

2. Actividad física:

No es de extrañar que un cerebro sano provenga de un cuerpo saludable. El ejercicio en la primera infancia puede mejorar el desarrollo cognitivo del bebé. Hay muchas actividades que mejorarán su crecimiento físico y mental. El tiempo boca abajo o acostado sobre la barriga son actividades recomendadas. El estar boca abajo fortalece los músculos del cuello y también el estómago.

3. Desarrollo sensorial:

Todos tenemos cinco sentidos y, mediante el uso de ellos, interactuamos con los demás y con el mundo que nos rodea. Ver, oír, tocar, saborear y oler son los sentidos apoyados por el cerebro y explorar el mundo a través de ellos es parte del desarrollo cerebral. Permite que tu hijo se ensucie y se embarre como parte de la exploración sensorial. Ten un cajón sensorial en casa, de donde puedas sacar diferentes objetos para fomentar el tacto y la exploración. ¡Esto solo debe hacerse cuando tu hijo pueda tocar y sentir sin llevarse todo a la boca!

4. Conexión social:

La neurociencia ha proporcionado información increíble sobre el lado social del cerebro, que es capaz de reconocer rostros desde una edad temprana y a través de expresiones faciales comprende cómo se sienten las personas. Entender lo que la gente sabe y cómo se siente es una parte importante del desarrollo cognitivo. El cerebro puede sintonizar las voces humanas y tiene una red neuronal completa solo para aprender el lenguaje. Este lado social también responde a todos los sentidos.

5. Desarrollo emocional:

Esta es un área del crecimiento de la primera infancia donde los niños deben crecer a medida que maduran. Es un área importante que a veces se conoce como inteligencia emocional. Su base es la empatía. Sin empatía, no puedes identificarte con las emociones y comprender cómo se pueden sentir otras personas. A través de la inteligencia emocional, los niños aprenden a entender por qué se les recompensa o se les castiga.

6. Desarrollo de la lógica:

La lógica y el pensamiento abstracto son etapas del desarrollo en todos y cada uno de los niños. Hay algunos conceptos que no manejarán hasta que hayan alcanzado logros específicos del crecimiento. Ayudarles a reconocer patrones y construir con bloques son excelentes formas de comenzar a fomentar las habilidades lógicas y de percepción. Encontrar diferencias en las imágenes y buscar objetos ocultos es otra forma de fomentar algo de desarrollo lógico y cognitivo.

7. Desarrollo de la memoria:

Las habilidades de memoria y su desarrollo son una parte importante de la función del cerebro. El cerebro es capaz de diferentes tipos de memoria. Tener la capacidad de recordar cosas es una habilidad que te será de gran utilidad en la vida, estés donde estés y sean cuales sean tus circunstancias. Puedes practicar estas habilidades a través de juegos y escuchando historias que luego tendrán que recordar. Desarrollar la memoria es una habilidad vital que vale la pena.

- La memoria a corto plazo es lo que recuerdas en el menor tiempo en que la información entra en el cerebro. Se almacena rápidamente.
- La memoria de trabajo es lo que usamos para recordar cómo hacer las cosas. Nos ayuda a decidir, resolver problemas y tomar decisiones de la vida diaria. Los niños pequeños están desarrollándola y mejorará a medida que crezcan.
- La memoria explícita es la parte de nuestra memoria que ha acumulado experiencias, recuerdos, episodios en tu vida a los que puedes acceder si lo necesitas.
- La memoria a largo plazo son las cosas que has experimentado y recuerdas durante mucho tiempo.
- La memoria autobiográfica es el recuerdo de episodios de tu vida que son personales y forman parte de tus recuerdos.

8. Desarrollo del lenguaje:

Aquí hay una información increíble. El cerebro del bebé ya está aprendiendo sonidos, escuchando voces y aprendiendo el ritmo del lenguaje en el útero. Esta una de las funciones más importantes del cerebro.

Al nacer, el bebé está listo para comunicarse. Empezando por mirarte cuando hablas y luego haciendo sus propios ruidos de gorgoteo y arrullos. En los primeros cuatro años de crecimiento y desarrollo, el lenguaje de tu hijo aumentará de sonidos y ruidos a palabras y oraciones.

9. Habilidades motoras - Desarrollo de la motricidad fina y gruesa:

El control de los músculos grandes necesarios para sostener la cabeza y gatear, lo que lleva a caminar, comienza primero. Luego, las habilidades motoras finas continúan desde aquí a medida que tu hijo se vuelve más capaz de controlar el ejercicio motriz fino. Los especialistas en niños están muy dedicados a la interacción entre el cerebro en desarrollo y las habilidades cognitivas. Existe un vínculo directo entre el crecimiento físico y el aprendizaje. El ejercicio fortalece los órganos vitales del cuerpo, incrementa el tono muscular y está directamente relacionado con la mejora de las calificaciones escolares.

10. Cosas que se deben evitar para un desarrollo saludable:

Si bien el cerebro participa en todas estas formas positivas de crecer y desarrollarse, es importante conocer algunas de las cosas que pueden afectarle gravemente.

- El abandono, el abuso y las experiencias traumáticas afectan profundamente al desarrollo del cerebro.
- La mala alimentación y la falta de ejercicio conducen a la falta de estimulación y nutrición del cerebro.
- La contaminación y las condiciones de vida empobrecidas, tienen un efecto negativo en el crecimiento del cerebro de los bebés y los niños pequeños.

- Una mala alimentación y el estilo de vida poco saludable de la madre durante el embarazo afectan al bebé incluso antes de nacer.

El conocimiento de cómo se está desarrollando el cerebro y cómo tiene una capacidad asombrosa para crecer, hace que los padres sean aún más responsables durante este período vulnerable de ayudar a sus hijos a crecer y optimizar este período. A continuación, presentamos algunas interacciones simples que puedes tener con tu bebé o niño pequeño en las primeras fases del desarrollo del cerebro para nutrir y fomentar el crecimiento de las neuronas.

Puede parecer una contradicción de términos, pero jugar y aprender son los elementos básicos del crecimiento infantil y la estimulación del cerebro. Los niños aprenden jugando. Jugar con tus hijos y proporcionar recursos y oportunidades lúdicas es la mejor manera de estimularle durante los primeros tres años. Leer o mirar libros es otra intervención viable, ya que a través de ellos se estimulan el lenguaje y muchas experiencias de aprendizaje. Asegurarse de que tu bebé se sienta cómodo y seguro en su ambiente, proporciona el entorno estable que necesita para crecer. El cerebro es estimulado por el entorno y los padres y cuidadores están en condiciones de intervenir y proporcionar el tipo de lugar adecuado para un crecimiento cerebral saludable.

El Dr. Seuss ha resumido esto en esta simple cita:

"Tienes el cerebro en la cabeza y los pies en los zapatos.

Puedes dirigirte en la dirección que quieras."

— DR. SEUSS

Saber cómo se activa el cerebro y cómo está creciendo dentro de la cabeza de tu hijo es un gran incentivo para que los padres fomenten ese crecimiento y den al niño la oportunidad de ir en la dirección que elija.

4

LA IMPORTANCIA DE LOS PRIMEROS AÑOS

Los bebés pueden parecer pequeños y lindos manojos de alegría, listos para acurrucarse, tumbarse y arrullar en sus cunas. Son adorables, pero son mucho más que una pequeña fuente de diversión. Los bebés, especialmente en su primer año de vida, están tendidos albergando un cerebro que crece rápidamente. La tasa de éxito y el crecimiento cerebral dependen de esos primeros años. El cerebro humano crece con el uso, y el número de conexiones neuronales que adquiere un niño se forman en esos primeros años de vida.

¿Sabías que el movimiento es una de las experiencias más importantes que puede tener un bebé? Es a través de él que el cerebro se estimula y se prepara para un mayor aprendizaje. Existen maravillosos programas de movimiento temprano que promueven el desplazamiento y el aprendizaje a una edad muy corta.

En el primer año de vida de un bebé, aprenderá a levantar la cabeza, a darse la vuelta, a sentarse y a gatear, a ponerse de pie y posiblemente a caminar. Eso en sí mismo es mucho movimiento, control muscular, equilibrio y determinación.

El movimiento en el primer año ayuda a que el cuerpo y el cerebro se conecten y desarrollen habilidades motoras gruesas y finas que influyen en el sistema motor sensorial y ayudan a desarrollar el cerebro. Resistir la gravedad o empujar contra el suelo forman parte de ese crecimiento a través del desplazamiento. Esto desarrolla la comprensión de dónde está el niño en relación con el espacio del que forma parte. Otra parte fundamental es encontrar el equilibrio. Estos primeros movimientos y el aprendizaje del equilibrio a medida que el bebé se pone más erguido, ayudan al cerebro a desarrollar el sistema vestibular. Este sistema es el que proporciona el sentido del equilibrio y la orientación espacial. Este sentido se desarrolla a través del movimiento. El cuerpo y el cerebro necesitan vincularse entre sí para preparar al bebé para pensar y hacer crecer su capacidad cerebral.

¿Qué pueden hacer los padres y los cuidadores en esta etapa crucial?

Es el momento de dar a los bebés la oportunidad de rodar sobre una alfombra de juego, levantar la cabeza y pasar un tiempo valioso meciéndose boca abajo. Los niños pequeños necesitan estar expuestos a juegos al aire libre y a juguetes con los que puedan explorar mientras suenan o ruedan. Intenta sacar a los niños para que jueguen afuera y experimenten diferentes actividades apropiadas para su edad. Intenta no tenerlos en sus sillas de bebé o corralitos. Dales juguetes para que los empujen o tiren y fomenta el movimiento siempre que sea posible. Jugar con objetos aleatorios que sean seguros para esta edad se conoce como juego de "piezas sueltas". Los objetos de diferentes formas, tamaños y texturas para explorar constituyen una maravillosa selección de cosas con las que interactuar.

Aquí tienes algunos consejos prácticos y áreas del desarrollo para ayudar al crecimiento del cerebro de tu bebé durante el primer año. Puede que estés haciendo muchas de estas cosas sin darte cuenta de su importancia. Esto te ayudará a saber que estás en el buen camino y a centrarte más decididamente en la importancia de ese primer año de crecimiento.

CENTRARSE EN EL PRIMER AÑO

Desde nacimiento a los tres meses: qué hacer:

- Háblale a tu bebé mientras caminas por la casa y preséntale el mundo que le rodea. Escuchar tu voz le ayudará con el ritmo del habla. Canta canciones y rimas infantiles también en esta etapa. Mantén el contacto visual y ensaya algunas pequeñas acciones mientras pasan tiempo juntos.

De tres a seis meses: qué hacer:

- Amplía el alcance del bebé colocando juguetes seguros fuera de su alcance, para que tenga que estirarse y tomarlos. Pon a tu bebé en el suelo o en una colchoneta boca abajo con los juguetes justo delante de él. Esto es útil para la coordinación mano-ojo y el comienzo del movimiento independiente.

- Toma a tu bebé en brazos y baila mientras te mueves por la habitación con él, así disfrutará del movimiento contigo.

De seis a nueve meses: qué hacer:

Es el momento de prepararse para la movilidad. Tu bebé puede estar sentado e intentar ponerse en movimiento. Durante estos próximos tres meses, puede empezar a gatear o incluso a ponerse de pie y caminar agarrado de los muebles.

- Juega a esconderte detrás de los muebles o en las esquinas: Escóndete detrás del mobiliario, y asómate para que tu bebé intente encontrarte. Este juego suele provocar chillidos de alegría en él, pero al mismo tiempo está desarrollando lo que se conoce como permanencia de los objetos. Es decir, el concepto de saber que algo está ahí, aunque no se vea por un momento.
- Cojines para trepar: Amontona algunos cojines de los muebles del salón y anima a tu bebé a trepar por ellos. Esto requiere supervisión, por supuesto, pero le ayudará a mantener el equilibrio y a realizar movimientos de escalada.
- Imitación: Copien las acciones del otro. Pronto tu bebé captará la idea y podrán divertirse imitándose mutuamente. Esto le enseña a aprender a través de la imitación.

De nueve a doce meses: qué hacer:

- Tómate más en serio la lectura de libros. Señalar las ilustraciones y repetir el vocabulario o hacer que los sonidos acompañen a las imágenes es una forma estupenda de desarrollar el lenguaje. Busca libros de cartón con páginas gruesas y deja que tu bebé las pase.

- La imitación de sonidos puede continuar simplemente copiando los ruidos que hace tu hijo. Diviértanse haciendo sonidos tontos entre ustedes. Estos son los componentes básicos del aprendizaje del lenguaje.
- El juego con el agua es importante en esta etapa. La hora del baño puede ser una gran experiencia de aprendizaje con el vertido y la medición. Incluye muchos juguetes acuáticos para este momento.

Fomentar las actividades en el próximo año de vida de tu hijo te hará participar en las primeras etapas de un niño pequeño. Tu hijo dará por fin sus primeros pasos, y esto supondrá un gran cambio para ti y para la familia.

SEGUNDO AÑO Y CÓMO ESTIMULAR EL DESARROLLO CEREBRAL:

Un año en el que se alcanzan cada vez más logros físicos y mentales. Tu hijo está entrando en la fase de niño pequeño. El carácter está empezando a desarrollarse, y esta fase se conoce a menudo como los terribles dos años, ya que tu hijo empieza a ser decisivo. El "no" es una palabra muy popular.

Las habilidades de movimiento se desarrollan a gran velocidad. Tu hijo debería intentar:

- Empezar a correr
- Patear una pelota
- Llevar varios juguetes a la vez
- Subir y bajar de los muebles
- Sujetarse y subir escaleras
- Lanzar una pelota por encima de la cabeza
- La marcha se ha vuelto más estable y puede ser capaz de caminar hacia atrás o mantenerse de pie sobre una pierna. Todos sus movimientos son cada vez más coordinados

Anímale a correr, trepar, deslizarse y explorar en el exterior. Todo ello bajo supervisión en esta etapa. Recuerda que el movimiento estimula el cerebro y que la motricidad fina está empezando a desarrollarse, ya que tu hijo de dos años debería ser capaz de mover las muñecas, los dedos y enganchar la palma de la mano en un pomo o manilla. Pueden tomar un lápiz de color y hacer garabatos con él, aunque los trazos son muy poco coordinados. Es posible que se empiece a observar un dominio de la mano izquierda o derecha, pero no es necesario forzarles a elegir en esta fase. Pueden concentrarse un poco más y conseguirán pasar las páginas de un libro contigo.

Las habilidades lingüísticas de los niños pequeños también se están desarrollando rápidamente. Es posible que empieces a notar estos avances en esta etapa:

- Saben los nombres de sus hermanos, algunas partes de su cuerpo y objetos que ven a menudo.
- Pueden seguir instrucciones sencillas

- Señalan las imágenes de los libros y pueden nombrar algunas de ellas.
- Intentan encadenar palabras en pequeñas frases.
- Repiten palabras que oyen decir a otros.
- Utilizan algunos pronombres como "mi" y "yo" en lugar de utilizar sus nombres.

Los libros son tus mejores amigos para desarrollar el lenguaje y decir los nombres de todo lo que ven en las imágenes. Recuerda que, cuando salgas con tu hijo, puedes indicarle cosas interesantes para que las vea y las descubra. También disfrutará con las rimas y las canciones, pero no te preocupes si no habla tanto como otro niño que conozcas. El desarrollo del habla es muy diferente para cada niño que está creciendo.

Las habilidades sociales y emocionales se están desarrollando a esta edad, y a tu hijo le debería entusiasmar estar con otros niños. Jugará junto a otros compañeros en lo que se conoce como juego paralelo y empezará a ser más independiente. La tendencia de los niños pequeños a ser desafiantes se manifestará a medida que su carácter se desarrolla y son más conscientes de lo que quieren.

El niño de dos años está desarrollando sus habilidades de pensamiento y aquí hay algunas cosas que hay que fomentar:

- Clasificar por formas y colores: Los juegos de colocación de formas son muy buenos para la simple coordinación de encajar la forma en el agujero de forma correcta del juguete.

- Aprender a seguir una instrucción de dos partes, como, por ejemplo: toma tu sombrero y póntelo en la cabeza.
- Terminar de memoria el final de una rima que conocen en un libro.
- Podrán disfrutar de juegos sencillos de simulación.
- Empiezan a contar y a entender los números.
- Sus habilidades lingüísticas mejoran y pueden resolver pequeños problemas o situaciones.
- Pueden empezar a entender algunos conceptos de tiempo como "antes" y "después".

Cuantas más actividades puedas realizar para desarrollar estos logros, mejor para tu hijo. Algunos pequeños pueden ir a una guardería infantil algunas mañanas a la semana, dependiendo de las circunstancias familiares y de la preparación emocional del niño. Algunos pueden tener que asistir a un centro de atención si sus padres tienen que trabajar. En cualquier caso, es importante asegurarse de que el establecimiento ofrezca las experiencias adecuadas para tu hijo en el grupo de edad apropiado.

PREPÁRATE PARA EL TERCER AÑO

Llega otro año de crecimiento emocionante y de retos que afrontar. Conocer algunos de las metas de desarrollo esperadas ayuda a los padres a planificar las actividades y a saber qué esperar. Recuerda que cada niño es un individuo y que ningún hito está grabado en piedra. Sin embargo, si sospechas que tu hijo tiene un retraso en algún aspecto de su crecimiento y desarrollo, siempre es buena idea pedir consejo a un profesional.

Estos son algunos de los logros esperados cuando tu hijo cumple tres años:

Desarrollo físico y habilidades de mejora:

- Tu hijo puede saltar y es posible que sea capaz de saltar sobre un pie.
- Los niños de esta edad pueden trepar y correr con seguridad.
- Los niños de tres años pueden pedalear un triciclo.
- Tu hijo debería ser capaz de subir y bajar escaleras de una en una.

Comunicación con los demás y habilidades lingüísticas:

- Ha empezado a decir pequeñas frases con algunas palabras encadenadas.
- El habla se ha vuelto más clara y hasta los extraños a la familia pueden entender lo que dice tu hijo.
- Puede seguir instrucciones con dos o tres cosas que hacer.
- Conoce los nombres de algunos de sus amigos.
- Utiliza algunos pronombres como "yo", "tú", "nosotros" y empieza a utilizar plurales sencillos como "perros", "coches", "tazas", etc.
- Tiene pequeñas "conversaciones" empezando a interactuar con sus padres y amigos.

- Empieza a utilizar su imaginación con sus habilidades lingüísticas.

Habilidades emocionales y sociales:

- En esta etapa tu hijo quiere vestirse y desvestirse solo.
- Le encanta ayudar y está preparado para participar en algunas tareas domésticas.
- Al niño de tres años le gusta copiar a otros niños y adultos.
- A esta edad, tu hijo puede haber aprendido a usar el orinal.
- Cada vez son más independientes y no se alteran cuando sus padres tienen que dejarlos en la guardería, por ejemplo.
- El niño de tres años es muy cariñoso y está dispuesto a demostrar su afecto.
- Se preocupan cuando sus amigos se enfadan.
- El niño de tres años es más fácil de convencer para que se turne con otros niños.
- Les gusta tener una rutina y seguirla.

Ahora que ya sabes qué esperar de la fase de los tres años, aquí tienes diez sugerencias de cosas que puedes hacer en tu vida cotidiana para favorecer las metas de desarrollo en esta edad. Toma nota de estas ideas y pronto se convertirán en parte habitual de tu rutina diaria también:

1. Lee un cuento cada día: La hora de acostarse siempre es un buen momento. Aprovecha para desarrollar el lenguaje y haz

algunas preguntas sobre el cuento o señala cosas interesantes en los dibujos.

2. Canten canciones juntos y jueguen también con pequeñas rimas de movimiento: Si tu hijo está en preescolar, estará aprendiendo rimas y las acciones que las acompañan.

3. Asegúrate de que tu hijo tenga mucho tiempo para jugar: El juego de fantasía y el juego activo son importantes. Prepara una caja de disfraces o una cesta con diferentes cosas para fomentarlos.

4. Dedica tiempo a organizar citas para jugar y pasar tiempo con los amigos: Anima a compartir en estos momentos. Guarda los juguetes realmente especiales que puedan provocar un incidente, pero asegúrate de que hay muchos otros que los niños compartirán con gusto y con los que se turnarán para jugar.

5. Prueba con actividades de motricidad fina, como colorear con lápices de colores grandes y gruesos. Anima a tu hijo a jugar con plastilina, si sabes que no querrá metérsela en la boca.

6. Trata de tener una rutina estructurada a la hora de acostarse e intenta cumplirla todos los días.

7. Ayuda a tu hijo a entender y expresar sus sentimientos: Si está triste, enfadado o contento, habla de ese sentimiento y de la palabra que describe cómo se siente en ese momento.

8. En nuestro mundo moderno el tiempo de pantalla y la tecnología son un punto relevante de discusión. Mantén las pantallas fuera del dormitorio y controla lo que ve tu hijo de tres años. Deben ser programas de calidad e interactivos en la

medida de lo posible. Limita el tiempo de pantalla a una hora al día y participa en los programas educativos para evitar usar el dispositivo como niñera.

9. Elogia el comportamiento que quieres ver: La afirmación positiva es muy importante para que surjan los rasgos de carácter que quieres en tu hijo.

10. Si necesitas disciplinarle, utiliza el incidente como una herramienta de enseñanza. Recomienda que pasen un tiempo juntos para entender el incidente y los límites del comportamiento correcto e incorrecto. El "tiempo dentro" es más eficaz que el "tiempo fuera".

Los tres primeros años han pasado volando y cuando mires atrás y veas cómo ha crecido tu hijo, te sorprenderás en muchos aspectos. Los avances que ha logrado y el desarrollo que has visto a nivel físico, mental, emocional y social han sido bastante asombrosos.

Ahora, en estos primeros años de formación, es el momento de considerar la fase de los cuatro a los cinco años como el punto de llegada de los primeros años de la vida de un niño.

QUÉ ESPERAR DE TU HIJO EN EL CUARTO Y QUINTO AÑO

Una de las cosas más importantes del desarrollo que notarás es lo mucho más independiente que se ha vuelto tu hijo. Los niños de cuatro a cinco años tienen más confianza en sí mismos y mayor autocontrol. Verás signos de desarrollo que se derivan de tu crianza positiva durante los tres primeros años. Algunos niños pueden tener un hermano menor y quizás ya estén en un centro preescolar más formal. Su mayor madurez y confianza en sí mismos les ayuda a enfrentarse a estas nuevas incorporaciones y cambios en su estilo de vida. Las habilidades cognitivas y de desarrollo del lenguaje crecen ante tus propios ojos. Socialmente, tu hijo de cuatro a cinco años es mucho más manejable.

Éstos son algunos de los emocionantes avances que pueden esperarse a esta edad:

Motricidad fina y gruesa/movimiento:

- Correr, trepar, columpiarse, saltar y dar patadas, o lanzar una pelota con facilidad es lo que tu hijo de cuatro a cinco años debería hacer en el aspecto de la motricidad gruesa de su desarrollo.
- Debería ser capaz de saltar sobre un pie.
- Pedalear un triciclo.
- Caminar hacia atrás y hacia delante.
- Construir una torre con diez bloques.
- Utilizar un tenedor y una cuchara para comer.
- Vestirse y desvestirse, cepillarse los dientes y atender otras necesidades de aseo personal sin demasiada ayuda.
- Deberían ser capaces de dibujar una persona con cuerpo.
- Sus dibujos deben incluir la copia de formas como un triángulo, un cuadrado o un círculo.

Habilidades cognitivas y lingüísticas en esta etapa:

- Deberías notar la curiosidad de tu hijo por el mundo que le rodea.
- Son personitas parlanchinas que tienen un vocabulario creciente.
- A esta edad les gusta cantar canciones y recordar rimas. Son charlatanes y pueden ser divertidos, enérgicos y ruidosos.
- Pueden contar hasta diez o más objetos, reconocer cuatro o más colores y tres formas.
- Los niños de cuatro a cinco años querrán escribir su nombre y puede que conozcan algunas letras del alfabeto.
- Se aprecia un claro desarrollo de su capacidad de concentración.
- Deberían conocer su dirección y su número de teléfono.

Desarrollo social y emocional:

- Disfrutan jugando con sus amigos y haciéndoles felices.
- Empiezan a darse cuenta de que el mundo no gira en torno a ellos.
- En esta etapa del desarrollo, están empezando a entender que los juegos tienen algunas reglas y que tienen que tomar turnos.
- Los niños de cuatro y cinco años empiezan a decir lo que sienten y pueden expresar su enfado.
- La mayoría de los niños de esta edad se adaptan felizmente a la rutina escolar, pero siguen necesitando mucho tiempo para

jugar y tener la libertad de crear sus propios juegos de fantasía y tener tiempo libre para divertirse.

Si a ti, como padre, te preocupa el desarrollo de tu hijo en esta etapa de su crecimiento, sería una buena idea llevarlo a ver a un especialista para obtener una segunda opinión o un punto de vista profesional. Tal vez el maestro de tu niño haya mencionado algunos problemas en la escuela, o hayas notado que tiene algunos retrasos o problemas emocionales. Cuanto antes se definan y traten, mejor.

A continuación, se indican algunos puntos en los que debes fijarte e investigar si estás preocupado:

- ¿Tu hijo está muy ansioso por estar lejos de sus padres?
- ¿Le cuesta concentrarse en una tarea o un juego?
- ¿Notas que tu hijo no establece contacto visual con otros adultos o niños?
- Tu hijo no es capaz de construir con bloques y equilibrarlos para hacer una torre.
- ¿Tu hijo está inusualmente triste o llora a menudo y parece muy desdichado?
- ¿Tu hijo puede decir su propio nombre?
- ¿Tu hijo tiene dificultades para vestirse o cepillarse los dientes y le cuesta ir al baño?
- ¿Sientes que tu hijo no es feliz en compañía de otros niños?

Si has respondido afirmativamente a alguna de estas preguntas, puede ser aconsejable hablar con alguien sobre posibles retrasos en el desarrollo. La clave del éxito en los primeros años es buscar activamente asesoramiento, información y educación mediante el conocimiento de la transformación que experimentan los niños en este período crítico de su vida.

María Montessori, educadora y creadora de la filosofía educativa Montessori, dijo:

> "Los niños adquieren conocimientos a través de la experiencia en el entorno".

También dijo:

> "La educación debe comenzar desde el nacimiento".

Jean Piaget, psicólogo suizo conocido por su trabajo sobre el desarrollo infantil y su teoría del desarrollo cognitivo, dijo:

> "El juego es el trabajo del niño".

Albert Einstein, físico teórico y una de las mentes más grandes de todos los tiempos, dijo:

"¡La imaginación lo es todo!"

— ALBERT EINSTEIN

Stephen Covey, educador, autor y orador motivacional estadounidense, dijo:

"Tu trabajo más importante está delante de ti, no detrás".

— STEPHEN COVEY

Esta cita, junto con las demás, lleva a los padres hacia el futuro con sus hijos, para guiarlos a través del juego, para que los niños utilicen su imaginación y su entorno como verdaderas herramientas de conocimiento y crecimiento. Los primeros años de la crianza son los más importantes para el desarrollo integral y la educación a través del poder del juego.

5

INTELIGENCIA EMOCIONAL

¿Inteligencia emocional? Empecemos este capítulo con su descripción y por qué es tan importante a la hora de considerar el desarrollo infantil.

La Inteligencia Emocional o EQ, cociente emocional, es la capacidad de comprender y gestionar tus emociones de diferentes maneras para obtener resultados positivos. Puede ayudar a aliviar el estrés, a empatizar con los demás, a comunicarse, a superar conflictos y a crear conciencia social.

Hay cuatro tipos de inteligencia emocional y se dividen en las siguientes categorías:

- Conciencia de uno mismo
- Gestión de la propia persona.
- Gestión de otras relaciones.

- Conciencia social.

¿Cómo podemos incluirla en nuestro equilibrio de la crianza y el desarrollo de los niños? Es como el concepto de la delantera y la popa en cuanto a los conceptos del Yin y el Yang del equilibrio. El delantero o la persona con Inteligencia Emocional es un líder y tiene cualidades de liderazgo, mientras que los que no han desarrollado puntos fuertes en Inteligencia Emocional pueden seguir el camino marcado por los líderes de su comunidad. Esto es tan bueno como las cualidades de liderazgo porque los seguidores leales también son importantes en la sociedad. Los seguidores aprenden lo que es la Inteligencia Emocional cuando se convierten en el efecto de popa en el equipo. Son los héroes de apoyo, la ética de trabajo que necesitan los líderes.

<u>Ser consciente de uno mismo</u> es el punto de partida de la Inteligencia Emocional. Saber quién eres y cómo te conectas con los demás te hace estar mucho más en sintonía contigo. Ser consciente de ti, te da la capacidad de reconocer las emociones de los demás y cómo reaccionar ante ellas.

<u>La autogestión</u> es el segundo aspecto de la Inteligencia Emocional. Requiere cierto autocontrol a la hora de manejar tus propios sentimientos en diferentes situaciones. No se trata de reprimir las emociones, sino de reconocerlas y gestionarlas cómodamente.

<u>La gestión de otras relaciones:</u> Se trata de ser capaz de conectar con los demás. Se trata de tener la capacidad de enlazar con los otros y de entablar relaciones fuera de tu grupo de origen. La gestión de los demás es una habilidad que se construye haciendo amigos y conociendo otros niveles de Inteligencia Emocional.

La conciencia social pone en juego la forma de entender a los demás en diferentes situaciones sociales. Tenerla es una parte importante para poder manejarse en otras situaciones sociales fuera de casa.

¿Aprenderá tu hijo a ser la proa o la popa de la relación emocional inteligente? Ambos tienen su lugar en la relación, y el lugar puede cambiar de vez en cuando a medida que tu hijo madura.

En la época de los héroes que surcaban los mares traicioneros por su país, Horacio Nelson, un famoso capitán de la marina británica, decía lo siguiente sobre la valentía en el mar:

"Atrás el mayor honor, adelante el mejor hombre".

— HORACIO NELSON

Este conocido dicho ha llegado a simbolizar la valentía y la defensa de las propias creencias.

Alimentar la Inteligencia Emocional ayuda a crear cualidades de liderazgo y a que los seguidores sepan cómo desempeñar su papel en la sociedad. Los líderes pueden liderar y los seguidores pueden seguir y convertirse en líderes cuando entienden la función de la Inteligencia Emocional.

¿Qué cualidades demuestran que un niño tiene potencial de Inteligencia Emocional? Una vez encontradas esas cualidades, ¿cómo podrían los padres y cuidadores potenciarlas a medida que el niño madura? Estas son preguntas válidas que los padres pueden hacerse.

El concepto de Inteligencia Emocional parece algo abstracto. Observar algunos de los puntos que componen el grado de Inteligencia Emocional en un individuo, ayudará a reconocer esta forma de inteligencia y a encontrar la manera de construir sobre esta parte del carácter de un niño. La Inteligencia Emocional tiene un gran valor en la sociedad, en el hogar y en el ámbito laboral.

Observa estas 10 cualidades que definen la Inteligencia Emocional. ¿Ves alguna de ellas en tus hijos? Estas características demuestran que tu hijo ya tiene cierto grado de inteligencia emocional. Cuando las hayas identificado, puedes desarrollarlas y animarlo a crecer en estas áreas a medida que se enfrenta a más retos sociales:

1. Establecer conexiones emocionales:

¿Ves que tu hijo empieza a pensar en cómo se sienten los demás? Puede que lo haga con un abrazo a un amigo o con una conexión contigo y con la familia en casa. Tu hijo puede mostrar empatía con un personaje de un libro de cuentos. Estos son signos de que está estableciendo una conexión emocional.

Cómo fomentar las conexiones emocionales:

- Pasa más tiempo con tu hijo para fomentar la conexión. Formar estas conexiones requiere tiempo y esfuerzo. Tu hijo ve cómo lo haces a través del vínculo contigo.
- Forma parte del mundo de tu hijo y juega con él. Cuando

juegas con tu hijo puedes entrar en su universo y hablar de la conexión emocional a su nivel.
- Escucha sus sentimientos, y anímale a hablar de lo que le pasa. Entrar en contacto con tus propios sentimientos te ayuda a entender los de los demás.

2. Habilidades de pensamiento:

¿Eres consciente de que tu hijo se toma un momento para pensar en los demás o para pensar en lo que va a hacer? Resolver problemas y pensar antes de actuar es un signo de Inteligencia Emocional.

Cómo fomentar tomar tiempo para pensar en los demás:

- Cuando veas a tu hijo ser amable en cualquier situación, elógialo por su acto de bondad.
- Habla de los gestos bondadosos. Cómo mostrar amabilidad a los demás es un buen tema de conversación.
- Sé tú mismo un buen modelo a seguir. Deja que tu hijo vea cómo muestras amabilidad en tu familia y con los otros.
- Habla sobre cómo debes dirigirte a los demás de forma que demuestres que eres una persona atenta.

3. Aceptar las críticas:

Puede haber ocasiones en las que tengas que decirle a tu hijo que no te ha gustado su comportamiento y por qué. ¿Cómo acepta los comentarios que le haces? ¿Muestra el deseo de aprender y hacer las cosas mejor la próxima vez, o se enfada por la forma en que le has hablado?

Cómo enseñar a tu hijo a aceptar las críticas:

- Asegúrate de decirle que estás criticando la acción y que no estás siendo negativo con él.
- Ayúdale a entender que señalar los defectos ayuda a las personas a ser mejores. La intención es ser útil.
- Sé comprensivo y haz preguntas si necesitas profundizar y resolver los sentimientos heridos.

4. Mostrar empatía:

La empatía genuina tarda en desarrollarse y esta es una característica que deberías trabajar como padre. ¿Cómo va eso? ¿Sientes que tu hijo responde a tu estímulo de empatía?

Como ayudar a tu hijo a mostrar empatía:

- Habla de los sentimientos que pueden tener los demás. Los libros son una gran introducción a los sentimientos y a cómo compartirlos.
- Sé un buen ejemplo de empatía, y habla de cómo se sintió tu hijo cuando le mostraste que querías entender su sentir.
- Utiliza el juego de simulación con sus juguetes, para crear una situación en la que un juguete muestre empatía hacia otro. Usa el diálogo de esta situación para sacar la respuesta empática de tu hijo.

5. Pedir perdón:

Ser humilde y pedir perdón es algo que los padres deberían enseñar a sus hijos. Cuando se equivocan a conciencia, deben mostrar remordimiento y disculparse.

Cómo enseñar a tu hijo a pedir perdón con sentido:

- Ayuda a los niños a establecer la conexión entre lo que les duele si han molestado a otro niño, y por lo que están pidiendo perdón.
- En lugar de limitarte a decir "lo siento", di "lo siento por" ...
- Deja que tus propias acciones hablen de lo que sientes, demostrando que lo sientes. Tu hijo seguirá tu ejemplo.

6. Un niño que cumple sus promesas demuestra Inteligencia Emocional:

Los niños pueden hacer promesas y no cumplirlas, ya que salen corriendo en otras direcciones y se olvidan de lo que han dicho. Un niño que cumple sus promesas y recuerda su compromiso está demostrando que va a tener Inteligencia Emocional.

Cómo ser un buen modelo para mostrar a tu hijo el valor de cumplir las promesas:

- En primer lugar, los padres deben ser un buen modelo a seguir cuando se trata de mantener lo prometido.
- Habla de cómo hacer promesas que se puedan cumplir. No

prometas algo que esté fuera de tu alcance porque te estás exponiendo al fracaso y a la decepción.
- Ayuda a tu hijo a tener un plan para alcanzar el objetivo de la promesa que quiere cumplir. Algo que sea alcanzable mediante algunos pasos sencillos.

7. Ser servicial:

Los niños que son naturalmente serviciales y les gusta hacer cosas por los demás están definitivamente dotados de Inteligencia Emocional. Cuando quieren ayudar a los otros, están demostrando que tienen empatía, bondad y una comprensión emocional de cómo se siente la otra persona.

Lo que puedes hacer para fomentar la ayuda:

- Encuentra cosas apropiadas para su edad en las que tu hijo pueda ayudar.
- Elogia su capacidad de ayuda.
- Muéstrale cómo la buena voluntad vincula a tu familia y construye tus amistades.

8. Decir palabras amables:

Los niños que hablan con amabilidad de quienes les rodean tienen la capacidad de elogiar a los demás. Esto forma parte de la creación de la confianza entre amigos y familiares.

Cómo enseñar a los niños a decir palabras amables:

- Ayuda a tu hijo a entender qué son las palabras corteses y cómo hacen sentir a las personas cuando las dicen.
- Practica decir palabras amables en la mesa durante la cena. Cuando la familia se reúna para comer, haz que sea un momento para compartirlas.
- Empieza a aprender palabras cariñosas, puedes empezar con unas pocas palabras e ir ampliando tu repertorio.

9. Perdonar a otro niño por una mala acción:

A una edad temprana, los niños son más propensos a perdonar y olvidar, pero a medida que maduran y tienen mejor memoria esto puede ser algo en lo que necesitan trabajar para desarrollar la Inteligencia Emocional.

Cómo ayudar a tu hijo a entender el perdón:

- Habla con tu hijo sobre el perdón y sobre cómo significa dejar de lado la ira o la mala actitud hacia alguien.
- Dile que perdonar requiere valor y busca algunos libros sobre el tema.
- Piensa en situaciones de la vida real en las que tú o tu hijo hayan tenido que mostrar su perdón.
- Los niños pequeños necesitan saber sobre el amor y el cuidado de los demás antes de poder perdonar.

10. Dar crédito a los demás:

Los niños pueden aprender desde pequeños a chocar los cinco y a aplaudir para mostrar elogios por algo que otro niño ha hecho bien. Pronto te darás cuenta de si tu hijo está realmente elogiando porque quiere estimular a otro niño. Este es un concepto bastante avanzado para los niños más pequeños y egocéntricos. Enséñales cómo funciona y pronto lo entenderán.

Cómo mostrar a tu hijo el valor de dar crédito a quien lo merece:

- Empieza mostrando a tu hijo cómo le valoras. Dale mérito con palabras de afirmación.
- Utiliza el pulgar hacia arriba o choca los cinco para mostrar una actitud positiva inmediata por algo que ha hecho
- Ten una tabla de créditos en casa y añade los créditos diarios que se deben por diferentes cosas. Pon a toda la familia en la tabla y enséñale a tu hijo a conceder créditos a otros miembros de la familia.

Las diez situaciones enumeradas aquí son diferentes oportunidades para mostrarle a tu hijo los aspectos de la Inteligencia Emocional. Mientras seas un buen modelo en estas áreas, podrás ver cómo responden y entrenarlos en las diferentes cuestiones de la Inteligencia Emocional.

Una de las formas más exitosas de ayudar a los niños a desarrollar su Inteligencia Emocional es ser un modelo de conducta, y enseñar a tu hijo a dar el ejemplo correcto. Pon la empatía, la amabilidad, el perdón y la ayuda en tu vida cotidiana.

A medida que tu hijo crece y se integra en otras comunidades, añade esas cualidades a los distintos aspectos de su vida. Ayúdale a ser emocionalmente consciente de sus amigos en la escuela o de sus parientes en las relaciones familiares. Propaga la positividad por todas partes y reconócelo en cada oportunidad.

"He aprendido que

la gente

olvida lo que has dicho.

La gente

olvidará lo que hiciste,

pero

la gente nunca olvidará cómo

les hiciste sentir".

— MAYA ANGELOU

Enseñar a los niños a desarrollar la inteligencia emocional es una habilidad vital enriquecedora de la que todos se beneficiarán cuando empiecen a ver esas cualidades en sus padres y en ellos mismos a medida que crezcan.

6

MODELOS DE CONDUCTA A LOS QUE ADMIRAR

Los grandes modelos de conducta van y vienen, dependiendo de la situación en la que te encuentres. Están en todos los ámbitos de la vida. Los padres deben ser los primeros modelos de conducta de sus hijos. En el Yin y el Yang del equilibrio en la naturaleza y en nuestros hogares, los padres son los mejores modelos de comportamiento, ya que aportan tanto el papel masculino como el femenino a la dinámica familiar.

POR QUÉ TU HIJO NECESITA MODELOS A LOS QUE ADMIRAR

Un buen modelo de conducta ayuda a un niño a intentar ser lo mejor posible mediante la imitación de buenas virtudes y cualidades. A menudo es más fácil para un pequeño ver las virtudes del buen carácter actuando delante de él, que recibiendo constantes sermones sobre cómo ser mejor persona.

El modelado de roles no consiste en ser la persona perfecta. Se trata de mostrar características honestas y estables que ayuden al crecimiento del carácter de otro individuo.

A continuación, se presentan siete rasgos de carácter de los que se suele hablar en relación con un buen modelo de conducta. Lee esta lista y comprueba si son rasgos de un modelo de comportamiento que consideras importante para una crianza positiva:

1. Un modelo de conducta demuestra que respeta a los demás y se preocupa por su bienestar.
2. Un modelo de comportamiento tiene un sólido conocimiento de su materia y está abierto a aprender cosas nuevas.
3. Un modelo de conducta está dispuesto a aprender y acepta que comete errores.
4. Un modelo de conducta es un buen comunicador. Escucha bien y responde con respuestas útiles.
5. Un buen modelo a seguir no tiene miedo de ser diferente y está orgulloso de ser quien es.
6. Un buen modelo de conducta es una persona segura de sí misma. Son positivos y ejercen una influencia tranquilizadora.
7. Un buen modelo de comportamiento se esfuerza por hacer que los demás sean mejores personas.

Los buenos modelos de conducta inspiran a las personas a dar lo mejor de sí mismas. Hay que mirar a un modelo de comportamiento y pensar "yo quiero ser así". La fase de aprendizaje temprana de la vida de un niño es exactamente el momento en que la crianza positiva puede mostrarse como el modelo a imitar de muchas maneras.

La forma en que los padres ejercen de modelo en sus hogares es un factor importante para criar a los niños en un entorno positivo. He aquí algunas de las áreas clave en las que un buen modelo de conducta y una buena crianza van de la mano.

Mantener un estilo de vida saludable:

Los padres que muestran a sus hijos un nivel de vida saludable están contribuyendo a que éstos elijan un estilo de vida sano. Una dieta adecuada, dedicar tiempo al ejercicio y a las actividades al aire libre y dormir bien son algunos de los aspectos más relevantes. Es en estas áreas donde los padres pueden dar un buen ejemplo a sus hijos.

Tratar a todos con amabilidad y respeto:

Los adultos deben mostrar a sus hijos que todo el mundo merece ser tratado con respeto. Esta es una buena cualidad que hay que modelar en casa y en el entorno exterior. Muestra a tus hijos que tratas a todo el mundo de la misma manera, incluso a ellos. Una buena manera de demostrarlo es a través de la forma en que te diriges a los demás. Habla en el mismo tono de voz y no hagas comentarios críticos y acusadores. No hables mal de los otros, ni cuentes chismes delante de tus hijos. Incluso los oídos más pequeños pueden captar que no estás siendo amable.

Los buenos modelos de conducta mostrarán que tienen amor por el aprendizaje:

Deja que tus hijos te vean disfrutar de los libros, los pasatiempos, los deportes, la música, visitar lugares interesantes y probar cosas nuevas. Esto ayuda a despertar una curiosidad natural.

Después de mamá y papá, los niños pueden ver modelos de conducta en sus hermanos mayores. Puede que les admiren porque son más grandes. Los padres tienen que intervenir aquí y asegurarse de que sus hijos mayores sean respetuosos con los valores familiares y actúen como un buen modelo a seguir. Mientras estaban criando al hermano mayor, los padres fomentaron los valores que consideraban dignos de ser valores familiares. El hermano mayor de la familia debería tener los mismos valores para impartirlos a los miembros más jóvenes. Disponer de un tiempo familiar en el que se puedan compartir estos valores ayuda a que se respeten los modelos de conducta.

LOS MODELOS DE CONDUCTA SON UNA FORMA DE MOTIVACIÓN

Cuando tienes a alguien a quien admirar, y confías en esa persona porque la respetas, es como tener una "imagen" que copiar. Esto es motivador para los niños pequeños, porque tienen una forma de saber lo que les hace sentir bien antes de que puedan poner palabras a su comportamiento. Elogiar en todo momento el buen proceder es la forma de mostrar tu aprecio por el modelo a seguir.

Hay otras cualidades intencionales que los padres y cuidadores quieren que sus hijos vean. Compartir intencionadamente estas características, ayuda a los niños pequeños a crecer en la dirección correcta.

Elogia estas cualidades cuando las veas en tus hijos:

- Confiabilidad
- Compasión
- Integridad
- Honestidad
- Dedicación
- Conexión con los demás.

Estas son cualidades buenas y, cuando los padres tengan la oportunidad, deberían felicitar a sus hijos por mostrarlas hacia los demás y delante de sus amigos.

Piensa en formas de crear oportunidades para que tu hijo vea estas cualidades modeladas por ti o por otros. He aquí algunos ejemplos de cada una de ellas:

Confiabilidad:

Siempre te acuerdas de llevar sándwiches y algo de beber para que tu hijo lo lleve al colegio. Cuando les enseñes a dar las gracias, puedes compartir con ellos cómo lo haces cada día, y pueden confiar en ti cuando abran su fiambrera en el recreo.

Compasión:

Un miembro de la familia no se encuentra bien o se siente triste y solo. Llevas a tu hijo a visitarlo para animarle. Le hablas amablemente, quizás sea tu madre u otro miembro de la familia, y le muestras compasión. Después de la visita, le explicas a tu hijo lo que has hecho y cómo has hecho sentir a la otra persona. Tal vez le incluyas en el proceso de animar a la persona pidiéndole que haga una tarjeta de buenos deseos.

Integridad:

Esta es una cuestión difícil de seguir para los niños pequeños. Se trata de tener una ética y una moral fuertes y de tratar a las personas con sinceridad y honradez. La mejor manera de fomentar la integridad es elogiar lo bueno que ves en tu hijo. Busca esos "buenos momentos" y elógialos. Este tipo de alabanza positiva influirá en la forma en que tu hijo ve cómo algunas acciones realizadas por otros pueden hacer felices o tristes a sus amigos. La forma en que tratas a tu hijo es también una prueba de tu honradez. Tratar siempre a todos de la misma manera demuestra integridad.

Honestidad:

Esto es muy importante para los niños pequeños. Aplica la honestidad a todo. No mientas sobre las golosinas o el tiempo que pasas con tu hijo. No le des falsas esperanzas sobre un juguete nuevo o un tiempo de descanso contigo cuando sabes que no va a suceder. La deshonestidad genera falta de confianza y este no es un buen modelo a seguir.

Dedicación:

Los niños pronto verán si realmente te dedicas a una actividad. Si eres organizado, puntual y comprometido, ellos pueden seguir tu ejemplo de dedicación a una actividad. Si es algo en lo que pueden participar contigo, llévalos y deja que aprecien lo que supone el éxito de esta tarea.

Otra buena manera de utilizar el modelado de roles para sacar provecho, es buscar personajes en los libros de cuentos. Lee las historias y señala los buenos rasgos de carácter que los héroes y las heroínas muestran a través de la historia. Hay libros sobre la bondad y la empatía bellamente ilustrados y las imágenes también son buenos temas de conversación.

Los libros pueden tratar sobre las diferentes culturas y la aceptación de las distintas tradiciones del mundo. Pueden ilustrar el coraje y la valentía cuando los personajes todavía son niños. Cuando tu hijo es más maduro, los textos con personajes reales del pasado pueden compartir historias de héroes de la humanidad, hombres y mujeres valientes que han dejado su huella en nuestra sociedad actual. Todas estas narraciones son poderosas herramientas para compartir cómo los modelos de conducta pueden mejorar la forma en que aprendemos a vivir.

Los modelos de comportamiento aparecen en los programas de televisión e incluso los personajes de dibujos animados pueden serlo. El popular dinosaurio "Barnie" tiene grandes mensajes alentadores para los niños pequeños. Los espectáculos de marionetas son atractivos para los niños y los personajes de los "Muppets" son héroes inesperados, pero también están llenos de carácter y son divertidos. Cuando leas un cuento o veas un programa en la televisión, tómate el tiempo de señalar las cualidades que crees que son modeladas por los actores del programa. Pregunta a tus hijos por qué les ha gustado un determinado personaje y comprueba si empiezan a captar buenas cualidades que les gustaría copiar.

Un modelo de conducta positivo en el preescolar

Un centro de preescolar bien gestionado es el entorno perfecto para crear situaciones de modelos de conducta. Los maestros deben estar atentos a los rasgos de carácter que desean copiar y transmitir a los demás.

Estos son algunos de los atributos de carácter que a un centro preescolar le gusta transmitir a sus alumnos, poniendo como ejemplo a los niños que muestran estas características de calidad.

Comportamiento amable y buenos modales:

Se anima a los niños de preescolar a que actúen de forma educada, agradeciendo a las personas lo que han hecho por ellos. También es de buena educación decir "por favor" en situaciones en las que quieren que se haga algo por ellos.

Compartir:

"Compartir es cuidar", es una frase que se ha convertido en sinónimo del niño de preescolar. Es un buen rasgo de carácter que hay que fomentar, ya que a los preescolares les cuesta compartir sus juguetes y otras posesiones. Atraviesan una época muy egocéntrica en sus vidas y ¡compartir no está en su agenda! Aprender a compartir en preescolar es el lugar perfecto para buscar modelos de conducta para esta actividad. Se espera que todo el mundo lo haga, no hay sensación de tener que destacar entre la multitud. Si se comparte algo, los elogios están ahí para uno y todos respetan la conducta de quién lo hace.

Comportamiento social:

En el preescolar los niños se ven obligados a mezclarse con otros compañeros. El maestro pondrá de relieve el comportamiento que es tolerado por el grupo de edad y sugerido por él. Los docentes capacitados sabrán qué comportamiento es apropiado para cada edad.

Honestidad:

"La honestidad es la mejor política", es un buen refrán que hay que recordar. Cuidado con las pequeñas mentiras o con ocultar la verdad. Los educadores serán muy conscientes de esta situación y si tu hijo no dice la verdad en la escuela habrá consecuencias. Al suceso de una mentira seguirá una instrucción muy cuidadosa, para enseñar a los pequeños la importancia de ser sinceros.

Conectar con los demás:

El preescolar es el medio ideal para conectar a los niños con los demás. A través de la escuela, los niños harán amigos y serán invitados a jugar. El personal de la escuela sabrá muy bien cómo ayudar a los pequeños a ponerse en contacto.

Modelos de conducta en la sociedad:

Cuando estés fuera de casa en tu comunidad, encontrarás muchas oportunidades para mostrar a los niños buenos modelos a seguir.

Señala a las personas que nos ayudan, como las enfermeras, los médicos y los policías. ¿Qué cualidades comparten estas personas tan trabajadoras y orientadas a la comunidad? Explica a los niños cómo sirven a los demás y qué buenos modelos de conducta son. Una vez que te fijes intencionadamente en estos modelos, verás muchas oportunidades para hablarle a tu hijo de las buenas cualidades y de cómo otras personas nos ayudan cada día.

Predicar con el ejemplo es probablemente una de las formas más importantes de mostrar claramente a tus hijos las cualidades que valoras y cómo pueden confiar en ti mientras son pequeños. Las personas que dan el ejemplo cumplen sus promesas, saben resolver las dificultades y tienen en cuenta a los demás. Martin Luther King siempre es considerado un líder inspirador. Modeló sus estrategias basándose en el éxito no violento de Mahatma Gandhi y ganó el Premio Nobel de la Paz. Las famosas palabras de Martin Luther King decían:

> "Tengo el sueño de que mis cuatro hijos pequeños vivan un día en una nación en la que no sean juzgados por el color de su piel, sino por el contenido de su carácter. Hoy tengo un sueño".
>
> — MARTIN LUTHER KING

Los padres que tienen un sueño para sus hijos querrán basar ese anhelo en una base sólida de crianza positiva.

7

RESPUESTAS TRANQUILAS ANTE CUALQUIER SITUACIÓN

Mantener la calma es una estrategia de crianza muy recomendable. El mantra "mantener la calma" ha sido utilizado en cientos de situaciones y ocasiones diferentes. Se ve en paños de cocina,

enmarcado en las paredes de las habitaciones y adornando tazas de café. De hecho, el eslogan "Keep Calm", originalmente pensado para ayudar a Gran Bretaña a afrontar una eminente guerra mundial, se ha convertido en uno de los refranes más famosos. He aquí algunos ejemplos de eslóganes para mantener la calma:

- *"Mantén la calma y baila porque la noche es tuya."*
- *"Mantén la calma y ve a cantar bajo la lluvia".*
- *"Mantén la calma y da un paso a la vez".*
- *"Mantén la calma y toma tu café".*
- *Mantén la calma y no te rindas nunca.*

Winston Churchill probablemente habría estado orgulloso del último.

Mantén la calma y no te rindas nunca: Puede que haya momentos en tu viaje como padre en los que realmente quieras rendirte. La crianza de los hijos no es para los débiles de corazón. Habrá muchos instantes en los que se te ponga a prueba, y las situaciones de emergencia serán siempre uno de esos momentos.

L R Knost, autora de "Dos mil besos al día", dijo:

> *"Cuando los pequeños están abrumados por grandes emociones, nuestro trabajo es compartir nuestra calma, no unirnos a su caos".*
>
> — L R KNOST

Esto puede ser un reto en una emergencia. He aquí algunos consejos y sugerencias sobre cómo reaccionar en una situación difícil:

1. Ayuda a tu hijo a mantener la calma estando tranquilo tú mismo:

Esto puede parecer algo muy difícil de hacer, pero como adulto y padre en cualquier situación en la que te encuentres, estar calmado definitivamente ayudará a tu hijo a permanecerlo también.

2. Practica con tu hijo estrategias para calmarse:

Enseña a tu hijo a respirar profundamente y a hablar con voz calmada. Aprende a conectar con un suave toque de mano. Extiende la palma de tu mano y los dedos abiertos y toca suavemente las palmas con tu hijo. No se trata de un gran movimiento de chocar los cinco, sino de una conexión silenciosa y tranquilizadora. Desde esta posición tranquila pero firme, puedes hablar directamente con el niño y tranquilizarlo con tus propias palabras. Esto suponiendo que la situación no sea de emergencia.

3. Encuentra habilidades de adaptación para gestionar los diferentes tipos de estrés:

El estrés puede presentarse de diferentes maneras y, por lo tanto, darse a conocer también en diferentes situaciones. Encontrar las habilidades de manejo adecuadas, ayuda al entrar en contacto con tus sentimientos. Anima a tu hijo a saber lo que está sintiendo y luego a encontrar la habilidad de afrontamiento adecuada.

He aquí algunas sugerencias:

- Ira: Respiración profunda.
- Tristeza: Llorar algunas lágrimas tristes y dejarse consolar.
- Confusión: Pide ayuda.
- Frustración: Toma lo que te frustra para resolver el problema.

Todos los sentimientos que tenemos pueden tener un resultado positivo. Ayuda a los niños a identificar que les hace sentirse mal. Esto puede ser difícil con los más pequeños, que no tienen el vocabulario necesario para expresar sus emociones. Es probable que la mayoría de las veces sólo se sientan frustrados. La distracción es una buena táctica hasta que puedan ser más conscientes de sus sentimientos y de cómo expresarlos.

4. Disponer de algunas estrategias de resolución de problemas:

Enseña a tu hijo las estrategias de resolución de problemas. Qué hacer en diferentes situaciones y a quién acudir en busca de auxilio. Ayúdale siempre a entender que mantener la calma es la mejor manera de manejar una situación estresante.

5. Practica la respiración profunda:

Esta es una forma estupenda de relajarse porque envía mensajes al cerebro que le indican que está tranquilo y calmado. Afecta al sistema nervioso y calma físicamente todo el cuerpo. Cuanto más practiques esta habilidad, mejor lo harás. Enseña a tus hijos a responder a una situación difícil también con esta técnica.

Ahora tienes cinco estrategias que te ayudarán en una situación difícil generalizada, pero como todos los padres saben las situaciones dificultosas pueden ser más desafiantes en algunas circunstancias y necesitan reacciones diferentes. Las situaciones médicas de emergencia no responderán necesariamente a las conexiones suaves de las manos, por ejemplo. En situaciones muy complicadas que pongan en peligro la vida, la respuesta a la emergencia seguirá siendo la calma. Mantener la tranquilidad y no rendirse es una forma de gestionar la urgencia. He aquí algunas emergencias domésticas que hay que tener en cuenta y los enfoques para gestionarlas en una situación de peligro para la vida.

Aquí hay algunas estrategias para estar preparado para una emergencia doméstica más difícil:

- Ten a la mano tus números de emergencia. En tu teléfono es una buena idea. Ponlos en tu lista de contactos en el apartado de emergencias o incluso como "A" de accidentes. De este modo, tendrás los números importantes de inmediato.
- Llama al 911 si se trata de una emergencia que no puedes gestionar sin ayuda profesional.
- Ten tu vehículo preparado para una emergencia en caso de que tengas que ir rápidamente a una consulta médica o a una sala de urgencias del hospital.
- Ten un botiquín de primeros auxilios en casa y aprende a utilizarlo si es necesario.
- Ten un vecino o un familiar con el que puedas ponerte en contacto si tienes que ir al hospital con urgencia. Puedes llamar por teléfono a esta persona y estará allí para ayudarte.
- Sigue las instrucciones para hacer frente a un pequeño incendio, como el de una olla de la estufa. No se trata de tirar agua por todas partes. Lo mejor es una manta gruesa o incluso una manta ignífuga.
- Si tu hijo se ha quemado, prepárate para afrontar el trauma y acude a la consulta del médico o al hospital lo antes posible, o llama a una ambulancia si la situación es realmente grave y no puedes afrontarla tú mismo.

- Ten linternas y luces a pilas por si la emergencia incluye un corte de luz.
- Evalúa la situación y haz que la persona o el niño se sientan cómodos mientras les aseguras que va a llegar la ayuda. Afloja la ropa ajustada para que puedan respirar y sentirse cómodos. Y mantén la calma.

¿Qué debes tener en tu botiquín de emergencia?

Un botiquín de primeros auxilios bien organizado, guardado en un lugar seguro y fuera del alcance de los niños es un conjunto de suministros muy importante que debe tener en tu casa. Disponer de un equipo de este tipo te ayudará a sentirte tranquilo en diferentes situaciones. Se recomiendan los siguientes artículos para tu kit básico de primeros auxilios:

- Guantes estériles desechables.
- Tijeras.
- Pinzas.
- Tiritas de diferentes tamaños.
- Vendas triangulares
- Vendas enrolladas de crepé.
- Cinta adhesiva.
- Apósitos oculares estériles, al menos dos.
- Termómetro, de ser posible digital.
- Crema para tratar las erupciones cutáneas.
- Crema antiséptica.
- Crema antihistamínica.
- Analgésicos como el paracetamol para bebés o niños.

Aspirina, no para menores de 16 años, e ibuprofeno. Controla todos los medicamentos con absoluto cuidado y mantenlos fuera del alcance de los más pequeños.

Dicen que más vale prevenir que curar. ¿Qué medidas puedes tomar como padre para garantizar la seguridad de tu hijo pequeño en casa? Cuando estés seguro de que tu hijo está a salvo, te sentirás realmente más tranquilo y con el control de la seguridad.

Los niños pequeños atraviesan una etapa de su vida en la que son curiosos y lo exploran todo. Caminan, corren, trepan, saltan y, sobre todo, aprenden sobre el mundo que les rodea. Necesitas tener la tranquilidad de saber que están seguros. Necesitan ser supervisados dentro de un área de juego segura, y tú necesitas poder supervisar y verlos jugar.

A continuación, te explicamos cómo puedes sentir ese estado de calma al saber que tu hijo está seguro y, al mismo tiempo, permitirle tener algo de libertad. Sigue estas pautas para lograr el estado de calma que deseas tener con tu activo niño pequeño:

- Crea un espacio de juego seguro: Esto puede requerir mover algunos muebles, pero merecerá la pena durante el tiempo que tu hijo sea vulnerable y necesite un espacio controlado para jugar.
- Permanece cerca para poder oír los cambios en los ruidos que se producen y siempre comprueba si de repente no puedes oír lo que hace tu hijo. Mantén los ojos y los oídos abiertos para detectar cualquier cambio en los ruidos de

fondo. Cuando se trata de niños pequeños, el silencio no es oro.

- Haz una lista de verificación de la seguridad de la zona en la que va a jugar tu hijo. Esto te dará tranquilidad y te hará sentirte más tranquilo.

- Averigua qué dispositivos de seguridad existen para que tu casa sea un lugar seguro y agradable para los niños. Utiliza puertas de protección en la parte superior e inferior de las escaleras. Las tapas de los enchufes impiden que los dedos de los niños se introduzcan en las tomas de corriente, y hay formas de bloquear y cerrar puertas y ventanas. Los cierres de seguridad en los coches son otro dispositivo de protección.

- Comprueba los cordones que cuelgan de las persianas en las ventanas. Los cordones que cuelgan sueltos pueden suponer un problema de asfixia o estrangulamiento para los niños. Mantenlos fuera de su alcance.

- No dejes ningún veneno doméstico o producto que diga "Mantener fuera del alcance de los niños" por ahí. Los niños pequeños tienden a llevarse todo a la boca y una pequeña cantidad de una sustancia venenosa puede causar un daño enorme a una persona de corta edad.

- Comprueba la temperatura del agua caliente. Hervir el agua caliente en el baño o la cocina puede provocar un terrible accidente si un niño pequeño decide abrir el grifo. Intenta mantener la temperatura del agua caliente a 120 grados como máximo.

- No dejes nunca alimentos calientes o teteras hervidas en la

cocina a la altura del curioso niño. El cordón de un calentador de agua puede ser un peligro si el niño tira de él.
- Ten en cuenta la posibilidad de ahogarse en estanques o piscinas de agua. Nunca dejes a un niño pequeño solo cerca de recipientes con agua. Las piscinas deben tener una red o estar en una zona vallada y cerrada con una puerta con pestillo que no pueda abrirse fácilmente. Los estanques deben estar cubiertos o fuera del alcance de los niños.
- Utiliza una silla de seguridad en el coche para viajar con un niño pequeño y asegúrate de abrocharlo y asegurarlo en cualquier viaje. El cinturón de seguridad del coche, largo o corto, es un elemento de seguridad muy necesario.

Si has tomado las precauciones adecuadas, verás que el rol de padre o madre y mantener la calma no es tan desalentador después de todo. Esta fase no es duradera. Aprovecha el momento para enseñarle las normas básicas de protección y recuérdale a tu hijo que, por seguridad, hay formas de hacer las cosas.

La protección de los niños en casa está relativamente bajo tu control, pero ¿qué pasa si sacas a tu hijo al mundo exterior? ¿Cómo vas a mantener la calma cuando tu hijo y tú estén fuera de casa?

Aquí hay cuatro áreas clave para aprender a mantener la seguridad:

1. El automóvil:

Una silla de seguridad, instalada de forma segura en el coche, es fundamental. Hay normas de protección que deben seguirse y los niños menores de dos años deben tener un asiento orientado hacia atrás.

Nunca dejes a tu hijo encerrado en un vehículo caliente. También es importante mantener el coche cerrado en casa y no permitir que los niños jueguen en un automóvil caliente. Mantén los candados del coche o de los niños puestos por seguridad para que tu hijo no pueda salir de él hasta que tú estés preparado para acompañarlo.

2. El aparcamiento y la zona de compras:

Salir de compras o de visita con un niño pequeño puede ser una pesadilla si no controlas la situación. Algunos padres utilizarán alegremente las riendas para caminar con un arnés para mantener a su hijo bajo control mientras salen juntos. Los niños deben aprender a ir de la mano de sus padres cuando están en un lugar público. Este es un momento en el que las normas de seguridad no son negociables. El uso de un cochecito con instalaciones con correas dará a los padres más tranquilidad y los mantendrá en un estado de calma mientras están fuera con sus hijos pequeños.

3. Tiempos de deporte y recreo:

Los cascos y el equipo de seguridad son importantes cuando tu hijo se desenvuelve con confianza en una bicicleta o incluso en un triciclo o monopatín. Los accidentes ocurren fácilmente en el patio de recreo. Comprueba las normas de seguridad de los equipos de exterior y la edad recomendada para su uso. El ejercicio y los deportes al aire libre son muy beneficiosos para los niños pequeños, pero asegúrate de que están bien supervisados y son apropiados para su edad. Cuando estés observando, querrás sentirte seguro de que tu hijo puede manejar la actividad y podrás sentirte tranquilo mientras disfrutas viéndolo participar.

4. Visitar a los amigos:

Puede que tu casa sea segura y adecuada para los niños pequeños, pero puede que tus amigos y familiares no estén en la fase de tener un niño pequeño corriendo por ahí. Hay algunas cosas que puedes comprobar y tranquilizarte antes de visitarlos.

He aquí algunos puntos esenciales que debes tener en cuenta para tu seguridad y para sentirte tranquilo:

- Piscinas: ¿Son seguras y están aseguradas con una red o una valla y una puerta cerrada? ¿Hay otras fuentes de agua que puedan ser un peligro para un niño pequeño o que no sepa nadar?
- Mascotas: ¿Tienen tus amigos mascotas y son capaces de convivir con los niños? Si no están seguros de cómo reaccionará su mascota, especialmente un perro, ante un niño pequeño, pídele que le aleje durante tu visita.
- Armas: Esto es algo de lo que nadie quiere hablar, pero si crees que existe la posibilidad de que tu amigo o su pareja tengan un arma de fuego por cualquier motivo, no dudes en preguntar dónde se guardan y pregunta si están bien aseguradas y si no hay acceso a ellas.
- El cuarto de baño puede ser un peligro si hay medicamentos que no están bien guardados. A los niños les encanta explorar, así que si no estás con ellos y exploran el baño y encuentran medicamentos que no están guardados bajo llave, seguro que se harán daño.
- Los juguetes pueden ser un peligro. Ten en cuenta a tu hijo

pequeño y la edad de los demás niños. Los bloques diminutos y los juegos como el Lego pueden suponer un peligro de asfixia.

Una de las situaciones más difíciles para los padres de un niño pequeño es mantener la calma ante una rabieta. Aunque pueda resultar difícil en ese momento, el ingrediente más importante de la receta para solucionarlas es mantener la calma.

A continuación, es conveniente intentar comprender por qué se producen estas rabietas. Una de las razones principales es que los niños de esta edad no tienen palabras para expresar lo que sienten. Las rabietas les ayudan a intentar gestionar sus sentimientos. Los niños mayores también pueden tenerlas, pero estos arrebatos de emoción se asocian sobre todo con los "terribles dos".

A continuación, te presentamos cuatro posibles factores desencadenantes de una rabieta que debes tener en cuenta:

1. El estrés

Cuando los niños pequeños se sienten hambrientos, cansados, fuera de la rutina y sobreestimulados, pueden sentirse fuera de control. Este tipo de estrés que no logran comprender puede desencadenar una rabieta.

2. Emociones fuertes.

Cuando sienten emociones fuertes como la preocupación, el miedo, el enfado o la tristeza no pueden manejarlas, y la única respuesta que pueden tener es la rabieta.

3. El temperamento

Los niños tienen un carácter diferente. Un niño muy sensible o volátil puede reaccionar de forma diferente en alguna circunstancia y este tipo de temperamento le lleva a tener una rabieta. Tú sabrás cómo la personalidad de tu hijo puede desencadenarla

4. Una situación ingobernable para un niño pequeño

Los niños pequeños son todavía personas muy vulnerables. Puede haber circunstancias que les arrojen a una situación en la que no tengan las palabras o la capacidad física para afrontarla. A menudo es porque quieren algo, pero no pueden explicar qué o por qué necesitan ese objeto en particular. La frustración de estar en una situación que no pueden controlar o entender desencadena una reacción de rabieta.

¿Cómo deben reaccionar los padres ante las rabietas para mantener la calma en la situación y ser tranquilizadores?

Estas sugerencias deberían ayudar a gestionarlas. Lo más importante es mantener la calma. No siempre es fácil dadas las circunstancias, pero intenta tomarte un momento para calmarte. A continuación:

- Recuerda por qué mantienes la calma. Enfadarse sólo

empeora la situación. Mantén la voz tranquila y reacciona con serenidad.

- Una vez iniciada la rabieta, lo mejor es intentar esperar a que pase, siempre y cuando tu hijo no esté en peligro. No intentes razonar con él una vez que la pataleta esté en marcha.
- Tómate un momento para intentar comprender sus sentimientos. Cuando empatizas con sus sentimientos, ellos sienten que estás de su lado y no en completa oposición.
- Intenta hacerte cargo de la situación y reaccionar de forma tranquila pero deliberada. Sé siempre coherente en estos momentos. Eso no significa ceder unas veces y ser súper estricto en otras.
- Ten un plan de acción para afrontar las rabietas. Elaborar una estrategia te ayudará a sentirte tranquilo, porque sabrás lo que vas a hacer. Recuerda que las pataletas no van a durar.
- Mantén el sentido del humor, pero no te rías de la rabieta porque tu hijo puede ver esto como si obtuviera la atención que buscaba y la pataleta puede continuar. Enfréntate siempre a una rabieta con calma y con tu plan en marcha.

¿Cómo se puede mantener la calma en situaciones difíciles? La clave para mantener la tranquilidad es la paciencia. Mientras esperas a que tu hijo se tranquilice, tendrás que hacer uso de tu paciencia. Una de las lecciones aprendidas a lo largo de la historia es que la paciencia puede traer la victoria.

Edmund Burke, estadista, político y filósofo irlandés, escribió:

"Nuestra paciencia conseguirá más que nuestra fuerza".

— EDMUND BURKE

Con esta filosofía en mente, mantén la cabeza fría y sigue siendo paciente.

PARTE II

8

BLOQUEO DE VIEJOS HÁBITOS Y PREVENCIÓN DE ARREBATOS

Suelta lo viejo y atrae lo nuevo.

¿Se pueden cambiar los viejos hábitos? Sí, se puede, pero requiere un esfuerzo y un cambio de mentalidad hacia el viejo hábito, y encontrar el camino hacia el nuevo.

El primer camino revolucionario sería identificar y reconocer el mal hábito. Sea lo que sea, afróntalo, reconócelo y haz un plan para cambiarlo.

Los malos hábitos tienen una forma de impedirte que alcanzar tus objetivos. En la crianza de los hijos, reconocer un mal hábito va a hacer que tu tarea como padre sea más fácil. Levantarás el bloqueo de repetir algo que no funciona, simplemente porque lo reconoces. Entonces tendrás que buscar la manera de cambiarlo y encontrar un camino diferente para seguir.

Lo primero es lo primero: ¿Cuáles son algunos de los malos hábitos de crianza que puedes haber adquirido? Estos pueden provenir de tus padres, o pueden ser cosas en las que crees que no son estrictamente ciertas. O tal vez has visto a tus amigos y compañeros criar a sus hijos de esta manera y por eso has seguido su ejemplo. Por último, tu propio temperamento y naturaleza pueden estar influyendo en tu forma de ser como progenitor.

Estos son algunos de los errores en la crianza de los hijos con los que puedes identificarte y, una vez que los reconozcas, podrás cambiarlos o modificar tus métodos de educación.

Un mal hábito:

No permitir que tus hijos decidan por sí mismos:

Los niños deben tener la oportunidad de tomar decisiones o hacer elecciones. Escoger la ropa que quieren llevar o qué quieren ponerle a su tostada son elecciones sencillas que pueden hacer. Si eres demasiado controlador, no permitirás que tu hijo aprenda sobre la independencia y la sabiduría de sus propias opiniones.

Qué hacer:

Dejar que los niños tomen algunas de sus propias decisiones les da una sensación de autonomía. Ayuda a tu hijo a planificar y a responder a las preguntas sobre su elección de hacer algo en particular. Este es tu papel de apoyo. Tú les ayudas a tomar una decisión acertada, pero ellos tienen una sensación de empoderamiento mientras lidian con la toma de sus decisiones.

Un mal hábito:

No escuchar realmente a tu hijo:

Los niños saben cuándo no les estás prestando atención. Cuando le escuches, asegúrate de que estás totalmente involucrado con tu hijo. De este modo, tendrás más posibilidades de entender, a través de su lenguaje corporal y de lo que realmente dice, cómo se siente.

Qué hacer:

Escuchar es prestar atención. Puedes atender a tu hijo cuando hay un millón de cosas en marcha, pero ¿le estás escuchando de verdad? Escuchar de verdad significa mostrar con el lenguaje corporal y el contacto visual que estás atento y que formas parte de lo que tu hijo tiene que decir. Apaga cualquier otra distracción y procura pasar un rato a solas con tu niño todos los días.

Un mal hábito:

Ser sobreprotector:

Algunos padres caen en la trampa de querer ocuparse de los problemas todo el tiempo. Está bien dejar que tu hijo cometa un error y que sienta las consecuencias. Evidentemente, algo que pueda causar daños corporales, o un gran daño emocional, no sería sensato permitirlo.

Qué hacer:

No tengas miedo de dejar que tu hijo cometa pequeños errores. Dale oportunidades de explorar con consecuencias de las que pueda aprender. No seas excesivamente controlador y tomes todas las decisiones por ellos, incluyendo la elección de sus amigos. Tomar decisiones es bueno para su madurez y para desarrollar el sentido de la responsabilidad personal.

Un mal hábito:

Sentirse culpable como padre:

Si has tenido que decir que no, o si tu hijo tiene que enfrentarse a una decepción, no tienes que sentirte responsable cada vez que esto ocurra. Saber lidiar con la frustración y no salirse con la suya es una lección de vida que los niños deben aprender.

Qué hacer:

Los padres deben establecer un límite que cubra la decepción y ayude a los niños a entender que no lo consiguen todo a su manera. No hay que sentirse culpable por decir que no a tu hijo. No todos conseguimos todo lo que queremos en todo momento.

Un mal hábito:

Reaccionar de forma exagerada en situaciones difíciles:

No te precipites a una reacción exagerada cuando ocurra algo fuera de lo normal. A veces, tu hijo puede gritar de repente y tú te pones inmediatamente en plan de huida, susto y paralización, todo en uno.

Qué hacer:

En lugar de reaccionar de esta manera, tómate un momento para decidir la gravedad del problema. Un problema en la escala del 1 al 10. Verás que la mayoría de tus preocupaciones son de poca monta.

Un mal hábito:

Mantener tus emociones alejadas de tus hijos:

Muchos padres sienten que no pueden compartir sus sentimientos con sus hijos, y mantienen la guardia alta, mostrándose distantes o enfadados durante una crisis o incluso durante una pequeña irritación. No comparten sus emociones.

Qué hacer:

Si estás enojado, di que estás enojado. Si estás triste, di que estás triste. Ayuda a tus hijos a ponerse en contacto con sus sentimientos. Recuerda que los niños se enfrentan a muchos de los mismos tipos de emociones que los adultos. Tú también puedes identificarte con ellas. No todo el mundo puede estar en las nubes cada momento del día.

Un mal hábito:

Ser demasiado crítico:

Algunos padres buscan la perfección. En lugar de encontrar algo bueno que decir, se centran en lo negativo, o en por qué hiciste eso o no hiciste lo otro, encontrando cosas malas que decir. Estar siempre señalando pequeños detalles que no estaban bien, le quita al niño la confianza en sí mismo.

Qué hacer:

Buscar lo bueno de cada situación. Los padres no tienen que señalar las cosas malas todo el tiempo. Recuerda que no hay nada malo en ofrecer ayuda. No dejes que tu hijo fracase. Siempre puedes intervenir y ofrecer apoyo en lugar de un comentario crítico.

Un mal hábito:

Ser incoherente: Los padres deben establecer límites o reglas de la casa que sean consistentes. Cuando los padres no tienen límites, los niños se sienten inseguros y no tendrán pautas para un crecimiento y desarrollo saludables.

Qué hacer:

Establecer pautas que sean flexibles. Disminuye tus pautas según la edad de los niños, pero, no obstante, es necesario que haya límites sencillos que definan el comportamiento del niño. Sé consecuente con tu forma de criar basándote en estas directrices. Una paternidad consistente te ayuda a conectar con tu hijo en un nivel emocional que es positivo.

Un mal hábito:

Levantar la voz cuando no es necesario:

Los padres que siempre están gritando o increpando a sus hijos no tendrán una comunicación efectiva ni control sobre ellos. Los gritos provocan un círculo vicioso de más gritos, ya que los niños se comportan mal y los padres gritan aún más. Gritar no funciona.

Qué hacer:

Empieza por no gritar por las cosas pequeñas. Haz un esfuerzo consciente por hablar con voz normal para las cosas habituales en casa. Reconoce tus "momentos detonantes" y prepárate para ellos. Si los preparativos para el colegio y la rutina del desayuno son un momento desencadenante, intenta estar listo de antemano para que una cosa sencilla de ese momento no desencadene una avalancha de abusos verbales por algo realmente manejable.

Teniendo en cuenta estos errores evidentes, los padres deben tratar de ver cómo se identifican con cada uno de ellos. Busca el que más destaque y trata de romper el hábito y encontrar otra forma de afrontar el problema. Fíjate en el siguiente cuadro. Observa la lista de los viejos hábitos junto con un nuevo enfoque.

Compara un viejo hábito con una forma que puedas cambiar a una nueva manera de hacer las cosas.

Haz un plan para cambiar los malos hábitos de a uno por vez.

Malos hábitos de crianza revelados	Revierte el hábito aquí
No permitir que tu hijo tome decisiones.	Permite que tu hijo decida algunas cosas por sí mismo aunque tú no lo apruebes.
No escuchar cuando tu hijo te habla.	Presta más atención a lo que dice tu hijo y a cómo lo dice.
Ser sobreprotector.	Deja ir algunas situaciones para dar a tu hijo la cantidad adecuada de libertad.
Sentirte culpable por tu forma de ser padre.	Establece límites y normas que beneficien el desarrollo de tu hijo.
Reaccionar de forma exagerada en situaciones difíciles.	Mantén la calma y reacciona con prudencia.
Ocultar tus emociones a tus hijos.	Comparte tus sentimientos con tu hijo cuando sea apropiado.
Criticar demasiado a tu hijo.	Valora los logros de una manera siempre alentadora y no tratando de empujar a tu hijo más allá cada vez.
Ser inconsistente en las decisiones que tomas.	Toma siempre decisiones justas basadas en tus valores familiares.
Levantar la voz cuando no es necesario.	No lo hagas más

Conocer algunos de los estilos básicos de crianza malos, o negligentes, hace que uno se pregunte en qué hay que fijarse en los hijos para ver si tal vez les cuesta seguir el modelo de crianza de sus padres.

He aquí algunas señales que pueden indicar que hay una falta de educación positiva y coherente. Incluso si descubres que tu hijo ha caído en las garras de una mala crianza, nunca es demasiado tarde para cambiar las cosas en beneficio mutuo de los padres y del niño.

SEÑALES QUE INDICAN UN ESTILO DE CRIANZA INADECUADO:

- Los padres que privan a sus hijos de afecto y afirmación tendrán niños que han perdido la autoestima y la confianza. Están privados de afecto emocional.
- Los padres que critican a sus hijos continuamente no les dan la oportunidad de desarrollar su propia personalidad. Los niños que son objeto de críticas temen constantemente ser menospreciados.
- Los padres que se burlan de sus hijos delante de los demás hacen que sientan que no valen nada y que sólo sirven para burlarse.
- Los padres pueden hacer que sus hijos se sientan inútiles y desestimar sus sentimientos y emociones, lo que hace más difícil que estén en contacto con ellas.
- Los padres que utilizan la culpa o el dinero para controlar el comportamiento de sus hijos no sacan lo mejor de ellos. Controlar a los niños de cualquier manera, no los educará como individuos responsables.

Mantén la sencillez: conoce la cantidad de instrucciones que tu hijo puede recibir a cada edad.

CONEXIÓN PROFUNDA, AMOR INCONDICIONAL

Establecer una conexión profunda y compartir el amor incondicional es un aspecto increíble de la

de la crianza positiva y de la disciplina sin culpa. ¿Cuán profundo es el amor que sientes por tu hijo? Sólo podrás responder a esta pregunta cuando hayas pasado por momentos difíciles y por las diferentes etapas del desarrollo de tu pequeño.

El momento en que tu bebé recién nacido es puesto en tus brazos es cuando entiendes lo que es el amor incondicional. Es un vínculo que se forma entre ustedes y que no tiene

limitaciones ni restricciones. Es una forma de comunicarte con tu hijo para compartir tu amor por él a largo plazo. Tiene sus momentos de calidez, y el amor lo conquista todo, pero cuando se trata de criar a tu familia hay más

amor incondicional que momentos confusos.

He aquí algunas verdades que hay que recordar sobre el amor incondicional:

- Es un amor desinteresado por el otro.
- Es un amor que acepta y perdona.
- El amor incondicional respeta a los niños por lo que son.
- Es protector, nutritivo y cariñoso.

El amor incondicional no es:

- Sentimientos cálidos y confusos, aunque los recibas a menudo.
- No es ceder a todas las peticiones porque no se puede decir que no.
- No es manipular a tus hijos para crear el tipo de dependencia que quieres de ellos.
- No es permisivo, permitiendo que no haya consecuencias para las acciones, o una acción disciplinaria positiva, que enseñe a los niños a crecer.

El amor incondicional permite fomentar conexiones más profundas con los niños y hay formas específicas de hacerlo. La belleza del de este amor es que puede ser muy indulgente y, si se cometen errores, está ahí para superarlos. El amor sin condiciones cambia de profundidad y de aportación a medida que se atraviesan diferentes fases con el niño. Afortunadamente, el amor crece porque los niños tienen diferentes necesidades en las distintas edades y etapas de su crecimiento.

Un recién nacido, por ejemplo, necesitará más cuidados a medida que se satisfacen sus necesidades de crecimiento físico. Un niño pequeño necesitará los cuidados, pero al mismo tiempo habrá que empezar con algo de disciplina y aprendizaje a través del juego. El niño de preescolar necesitará tomar decisiones y ser más independiente. El niño que está en las primeras etapas de la escuela primaria necesitará apoyo para aprender y organizarse.

He aquí cinco sencillos actos de amor incondicional utilizando los principios de la crianza positiva para aplicarlos a tu hijo y ayudarte a ser un padre comprensivo:

1. Di: "Te quiero" a menudo. A tu hijo le gusta oír que le quieren.
2. Busca situaciones para dar una afirmación verbal.
3. Da toques cariñosos de ánimo.
4. Dedica tiempo a tu hijo de forma individual, dándole atención y haciéndole sentir absolutamente maravilloso.
5. Muéstrale empatía, poniéndote a su altura e intentando comprender sus sentimientos.

Ahora estás haciendo grandes progresos, pero quieres que tus conexiones vayan más allá. A los padres les resulta más difícil, a medida que sus hijos crecen, establecer una conexión más profunda. Una unión que vaya más allá de la crianza básica de un bebé y un niño pequeño.

¿Qué hacer para conseguir esta conexión más profunda y dar amor incondicional? Puede que ahora mismo pienses que estás dando amor sin condiciones a tu hijo, pero quizás no estés seguro de cómo puede crecer este amor. ¿Qué haces más allá del momento de abrazar y atender las necesidades físicas? Tu hijo va a pasar en menos de dos años de ser un bebé indefenso a un niño pequeño muy despierto que contribuye. Cuanto antes se cree ese vínculo, antes se producirá una crianza positiva. A medida que los niños crecen y se desarrollan, hay áreas del desarrollo infantil que siempre se verán reforzadas con más amor incondicional. Aquí tienes otras sugerencias para mejorar la conexión amorosa a través de actividades familiares y formas de pasar tiempo de calidad juntos.

Estos consejos serán útiles en las áreas física, emocional y social del desarrollo, especialmente en los primeros años de crecimiento. Todos ellos son formas sencillas de centrarse en el amor incondicional allí mismo, en tu propio entorno familiar.

Mantén la conexión física:

Conecta con tu hijo a través de abrazos, una palmadita en la espalda, una caricia en el pelo. Todos los pequeños gestos que dicen: "Estoy aquí para ti". Comparte un abrazo a la noche mientras lees un cuento. Abraza a tu hijo cuando te despidas y mantén siempre el contacto visual con una sonrisa o un saludo.

Juega con tu hijo:

Esta forma de conexión no se puede enfatizar lo suficiente. Jugar es la forma en la que los niños pequeños aprenden y si estás ahí mismo aprendiendo a través del juego con ellos estás formando un vínculo muy fuerte. Compartan risas y choquen los cinco cuando construyan una torre juntos o hagan un rompecabezas.

Jueguen al aire libre y hagan ejercicio juntos:

Correr al aire libre y dar patadas a una pelota entre los dos, es una forma estupenda de conectar. Demuestra tu amor por tu hijo realizando actividades divertidas en el exterior. Vayan al parque local o monten en bicicleta juntos. Salir y hacer ejercicio es una gran oportunidad de amor incondicional, siempre que no impongas demasiada competencia

Haz que tu tiempo sea de calidad:

Este momento con tu hijo debe ser ininterrumpido y no a medias, no con una parte de ti al teléfono y otra con tu hijo. Acorta el tiempo si estás ocupado, pero aparta el móvil.

Crea conexiones emocionales:

Cuando reconoces los sentimientos de tu hijo, le ayudas a expresarlos. Estar en contacto con tus sentimientos ayuda a crear empatía, y tu hijo y tú tendrán un vínculo más fuerte.

Refuerza tu capacidad de escucha:

Pregúntate si realmente estás prestando atención a lo que dice tu hijo o si sólo estás oyendo un ruido de fondo. Escucha lo que dice tu hijo no solo con sus palabras, sino también observando su lenguaje corporal.

Aprovecha la hora de la cena para interactuar con toda la familia:

Compartir una comida juntos y tener la oportunidad de hablar de su día es una gran oportunidad para que los niños se relacionen con la familia. Fomenta las comidas familiares sentados a la mesa.

Aprovecha la hora de dormir:

El final del día, con un cuento para dormir y los últimos mimos de la jornada, es el momento perfecto para demostrar el amor que sientes por tu hijo. Tienes un público atento, y es el momento ideal para sacar algunos libros preferidos y mirar juntos los cuentos. No importa que leas el mismo libro una y otra vez. Los niños encuentran consuelo en la repetición.

Practicar el amor incondicional en casa es probablemente más fácil que cuando se está fuera. Mantener la conexión emocional con tu hijo lejos del refugio de tu hogar puede ser más difícil. ¿Cómo puedes mantener esa aura de amor incondicional cuando sales o cuando tu hijo empieza a ir al colegio? Puede que haya momentos en los que te sientas enfadado o frustrado, pero si tienes una profunda convicción sobre el amor incondicional, la disciplina será más lógica y un complemento natural. Recuerda que la disciplina es parte del amor a tu hijo a través de la enseñanza en diferentes circunstancias a través de ella.

Las salidas pueden plantear problemas cuando tu hijo todavía es pequeño, y estás tratando de enseñarle reglas de seguridad y comportamiento aceptable.

¿Cómo se puede amar incondicionalmente cuando estás enojado?

Tu hijo se comporta como el típico niño terrible y tú estás muy enfadado con él. ¿Cómo se puede amar incondicionalmente en estas circunstancias? Los niños necesitan saber que se les sigue queriendo cuando se comportan de forma poco amable. Es fácil mostrar tu amor y afecto a tu hijo angelical, pero necesitará saber que ese amor también se traslada a los momentos de enojo, frustración y dificultades.

Cuando tu hijo está mostrando su frustración o su enojo y decepción, es el momento de que le ayudes a ponerse en contacto con sus sentimientos y a saber que sigues queriendo a la personita que es, pero que quieres ayudarle a superar sus sentimientos de rabia o decepción. Empatiza con tu niño en la medida de lo posible. Comparte también tus propias sensaciones. Cuando estés enfadado, tómate un tiempo para alejarte de la situación y calmarte. Si tu hijo necesita aprender una lección del incidente, tómate el tiempo necesario para guiarle y enseñarle.

"Entre el estímulo y la respuesta hay un espacio. En ese espacio se encuentra nuestra libertad y poder para elegir nuestra respuesta. En nuestra respuesta está nuestro crecimiento y nuestra libertad".

— VIKTOR FRANKL

Esta famosa cita de Viktor Frankl, psiquiatra austriaco, autor y superviviente del Holocausto, muestra cómo entre un estímulo que te perturba y tu respuesta a ese estímulo hay un espacio, un momento en el tiempo, en el que puedes decidir cómo vas a reaccionar.

Si aplicas esa filosofía a la crianza de los hijos y a tus reacciones ante diferentes situaciones, te darás tiempo para calmarte y reaccionar de forma diferente. Tu réplica podría cambiar drásticamente en ese espacio entre el estímulo que provoca el malestar y el momento de la respuesta. El reaccionar de esa manera podría marcar la diferencia en tu deseo de dar amor incondicional.

En principio, el amor sin condiciones puede parecer relativamente fácil. Sin embargo, amar sin reservas a veces puede ser realmente difícil. La columna vertebral del amor incondicional no es sólo un sentimiento, sino la capacidad de hacer que tu hijo se sienta amado como es a cada instante.

¿CÓMO TE ASEGURAS DE DAR A TODOS UNA PARTE DE ESTE AMOR?

Uno de los aspectos maravillosos del amor incondicional es que no desaparece cuando las cosas se ponen difíciles. Siempre está ahí para apoyar y elevar al objeto de ese amor. Ofrece libertad y apoyo a partes iguales y, junto con la compasión, no hay realmente límites a lo que puede dar. Este amor trata de comprender y conectar con la otra persona que está en la relación, y esto incluye al niño o niños de la familia.

10

CREAR CONFIANZA Y VÍNCULOS EMOCIONALES

La confianza real tarda en construirse. No es una solución rápida de la noche a la mañana, y los padres tienen un papel decisivo a la hora de ayudar a los niños a construirla en las relaciones.

Se basa en la creencia positiva de que hay buenas características en las personas y en el mundo. Crece a través de la afirmación positiva, empezando por el hogar. Las interacciones de los adultos con los niños dentro y fuera del hogar son los primeros pasos para crearla. La capacidad de construir esta confianza es la base de una crianza positiva y de las relaciones entre padres e hijos.

La capacidad de tu hijo para confiar en ti crece a medida que creas un entorno de apoyo para él. Una base sólida de confianza influye en la capacidad del niño para establecer conexiones emocionales y sociales eficaces con su mundo. Todo esto empieza con confiar en sus padres. Aunque tu hijo no entienda del todo lo que es la confianza, puedes empezar por utilizar la palabra en las conversaciones y asociarla a las cosas que hacen juntos y las que él hace por ti. Cuando le pidas que haga algo por ti, dile: "Confío en que te cepillarás los dientes". O puedes decir: "Confío en que te haya gustado el cuento que te he leído". De este modo, tu hijo asocia la palabra con algún tipo de actividad.

La confianza se construye cuando cumples lo que dices. Si prometes ir a buscar a tu hijo a una hora determinada, tu hijo confía en que lo harás. Es importante que no rompas esa confianza llegando tarde. Recuerda que a esta temprana edad estás construyendo la confianza y tu hijo no tiene forma de entender más que sabiendo que cumples tu palabra. La ansiedad por la separación en esta etapa puede ser algo muy real, ya que los niños no han desarrollado el sentido del tiempo y del lugar. Si dices que volverás en unos minutos o en una hora, tienes que respetar ese plazo y crear esa confianza con tu hijo.

CÓMO GENERAR CONFIANZA

Hay formas de generarla conscientemente con tu hijo desde una edad temprana. Poner sus cimientos te ayudará con muchos otros valores y principios que quieras establecer para tu familia. La mayoría de estas sugerencias son apropiadas para todas las edades, pero habrá que modificarlas para adaptarlas al nivel de comprensión de tu hijo.

La construcción de la confianza pasa por ser consciente e intencionado en estas áreas del desarrollo de su hijo. A continuación, algunas ideas deliberadas para su construcción en la crianza de los hijos:

Tu palabra es la clave en todos los aspectos de la construcción de la confianza:

Recuerda... *"Haz lo que dices y di lo que haces".*

Esta acción ayuda a los niños a asociar el cumplimiento de tu palabra con el seguimiento de las acciones que has dicho. Cuando las acciones y las palabras van juntas, se produce una enorme asociación de confianza. Las palabras tienen más poder del que crees, demuestran tu integridad. Los niños pronto se darán cuenta de que no cumples con ella. Las cosas que dices a los demás, incluidos tus hijos, es lo que llegan a creer de ti. Tienes que ser tan bueno como tu palabra. Tus ideas deben ser un reflejo de tu carácter y si mantienes tu voluntad, serás visto de forma positiva.

Sé un buen oyente sin prejuicios:

Un niño que sabe que sus padres se interesan realmente por lo que dice, establecerá una relación de confianza firme con ellos. Sentirá que se le necesita y que se le quiere. Los niños necesitan saber que pueden hablar abiertamente con sus padres para que crezca una relación sólida y de plena confianza. Escuchar atentamente es importante por varias razones. No prestar atención puede acarrear problemas por varios motivos y, si no escuchas a tu hijo, puedes perder el contacto con su realidad. Una buena escucha te sitúa en un nivel diferente con tu familia. Puedes ofrecer más empatía e intuición. Una buena manera de ser un mejor oyente es pensar en la diferencia entre escuchar y oír. El oído es uno de nuestros cinco sentidos. Cuando un sonido entra en nuestros oídos, viaja hasta el cerebro y, en un proceso muy complicado, somos capaces de oír. Oímos los sonidos que nos rodean, la música y, por supuesto, las voces.

Escuchar, en cambio, es una acción consciente. Elegimos escuchar. Escuchar es intencional y podemos escuchar de diferentes maneras.

Escuchamos de manera práctica las instrucciones y tratamos de entender las cosas que nos rodean.

Escuchamos socialmente tratando de oír lo que alguien dice y de entender lo que pretende decir. Escuchamos a este nivel con sentimiento, y este tipo de escucha social suele ser un asunto de cabeza y corazón. Mientras escuchamos, tratamos a la persona que habla con respeto.

Escuchamos para el desarrollo personal y prestamos atención a un orador que intenta decirnos algo para nuestra formación o educación. Tratamos a las personas a las que escuchamos para nuestra mejora personal, teniendo en cuenta los conocimientos o habilidades que pueden impartir.

SER UN PADRE FIABLE ES UN GRAN ELEMENTO DE CONSTRUCCIÓN DE LA CONFIANZA EN LA CRIANZA DE LOS HIJOS:

Los niños pronto se dan cuenta de que sus padres hacen promesas vanas que no cumplen. Se sienten defraudados y no pueden confiar en ellos. Es mejor no hacer demasiadas promesas que no se puedan cumplir. Si prometes estar en un lugar determinado a una hora concreta, tienes que estar allí. Ser responsable y seguro como padre genera confianza entre tu hijo y tú.

Nunca se insistirá lo suficiente en la importancia de crear confianza, la cual permite a los padres desarrollar otros valores parentales y familiares. El padre que se interesa por su hijo en todos los niveles de su crecimiento podrá fomentar su confianza al mostrar respeto por sus sentimientos e interés por las cosas que le gustan.

¿Qué es el vínculo emocional?

El vínculo emocional es el conocimiento más profundo del apego que un niño tiene con sus padres. Es la sensación de sentirse seguro y cómodo cerca de otra persona y feliz en su compañía. Es una conexión emocional, y sin ella, es difícil acercarse a alguien. Esto es aún más importante a la hora de crear conexiones con un niño. Su creación no es un acontecimiento "único". Es algo continuo y, a medida que los niños crecen, la confianza debe ser mayor. A veces puedes romper esa seguridad y estropear el vínculo. Si reconoces que lo has hecho, intenta repararlo lo antes posible.

¿Cómo se produce ese daño? Puede ser tan simple como no cumplir con tu palabra. Tal vez sea olvidar algo especial en la vida de tu hijo. Tal vez sea una promesa que no pudiste cumplir. Todas las relaciones que construyen vínculos necesitan tu atención para nutrirlas y hacer crecer tu relación de amor. Sin embargo, si tu vínculo está dañado, puede ser reparado.

Cómo reparar el daño de la confianza rota

1. Corregir los errores:

Esto dependerá de lo que haya ocurrido en el pasado. Si se trata de algo pequeño, simplemente pide disculpas y repara el daño diciendo que lo sientes y haciendo algo juntos para recuperar la confianza que tu hijo tenía en ti.

Si se trata de algo más difícil, establece los pasos que planeas dar para recuperar la estrecha relación que tenían. Dile a tu hijo que quieres ayudarle a volver a confiar en ti.

2. Sé comprensivo con la percepción del daño que tiene tu hijo:

Tómate tiempo para hablar de lo que ha ocurrido para romper la confianza. Intenta ser empático con lo que sintió tu niño. ¿Se sintió defraudado, abandonado, maltratado o descuidado de alguna manera? Tendrás que reparar los sentimientos negativos que tiene y tenerlos en cuenta a la hora de avanzar.

3. Pide perdón:

Esto es importante y los niños suelen perdonar. Averigua qué fue exactamente lo que molestó a tu hijo. Afronta ese asunto y discúlpate por ese acto concreto por el que necesitas que te perdone. Al buscar el perdón, la relación crecerá a medida que su confianza en ti se fortalezca.

Uno de los aspectos maravillosos de la reparación del daño, y de la renovación del vínculo entre padre e hijo, es que tu hijo aprende a pedir perdón con verdadera intención. El dolor genuino por alguna promesa hiriente o incumplida conduce a una relación más profunda. El perdón reaviva el vínculo y fortalece las relaciones entre padres e hijos.

A veces, una relación entre un padre y un hijo puede adquirir proporciones poco saludables. ¿Cómo reconocerías tú, como padre, eso en tu vínculo con tu hijo? Una relación emocional demasiado intensa o dependiente puede no conducir al hijo independiente y autosuficiente que esperas criar.

A continuación, te presentamos algunas señales a las que debes prestar atención y que pueden alertarte de un vínculo emocional poco saludable:

Estilo de crianza muy controlador:

Los padres deben dar a sus hijos su propio espacio y dejarles tomar algunas de las decisiones relativas a sus actividades cotidianas.

Dictar los sentimientos y emociones de los niños:

Los adultos que dictan los sentimientos de los niños no les permiten entender y expresar lo que les sucede. Los niños necesitan saber cómo afectan los sentimientos a sus vidas y ser capaces de identificar cómo se sienten en los momentos de experiencias emocionales. ¿Se encuentran felices o tristes, enfadados o frustrados y qué sienten?

Mantener a los niños en límites sociales reducidos:

Los padres que no permiten la interacción social con otros niños están privando a sus hijos de la convivencia normal con sus compañeros.

Los niños necesitan conocer y socializar con otros chicos. Los padres que mantienen a sus hijos en entornos muy controlados y vigilan todos sus movimientos no están criando a hijos bien adaptados que sean capaces de enfrentarse a diferentes situaciones sociales y emocionales.

Padres carentes de supervisión y sin ningún tipo de disciplina:

Lo contrario del padre controlador es el que no se interesa por su hijo ni por las actividades en las que participa. El niño no tiene límites ni disciplina. Se le permite una libertad total sin supervisión. Esta falta de control tampoco fomenta vínculos saludables.

Se puede decir que la crianza y la creación de vínculos sanos con los hijos es un aspecto de la vida que requiere el aporte de muchos niveles diferentes. Sin embargo, crear un lazo afectivo sano hace que muchos otros aspectos de la crianza de los hijos sean más fáciles de llevar a cabo y de alcanzar los objetivos que uno tiene en mente. Esta tabla puede ser útil para observar de un solo vistazo los estilos de vínculo afectivo saludable reconocibles y sus opuestos:

Reconocimiento de estilos de vinculación poco saludables.	Establecer un vínculo para construir una relación sana
Controlar a los niños en todos los aspectos de sus decisiones cotidianas. Elegir su ropa, sus amigos, sus rutinas de juego y sus intereses.	Permitir cierta libertad de elección dentro de su entorno familiar inicialmente. Fomentar los sentimientos de independencia y responsabilidad.
Criticar todo lo que hace el niño cuando intenta asumir más responsabilidades y se involucra en más actividades extra en casa y en la escuela.	Alentar todos los esfuerzos realizados de forma positiva. Encontrar siempre algo bueno en los esfuerzos del niño, sean cuales sean.
Crear una atmósfera de falta de confianza al ser poco fiable, o no dar importancia al lugar que ocupa el niño en la familia o a sus necesidades.	Asegurar a los niños, con palabras y con hechos, que son importantes, y que sus necesidades y su seguridad importan.
Negar a los niños cualquier afecto real o afirmación de que son dignos y tienen un lugar de importancia en la familia.	Fomentar la autoestima y la confianza de los niños mediante gestos cariñosos y palabras de afirmación que les digan que son queridos y necesarios.
Intentas crear una versión en miniatura de ti mismo a través de tu hijo. Te vistes igual y actúas igual y transfieres todas tus emociones negativas tratando de vivir a través de tu él.	Los niños son individuos y no versiones en miniatura de sus padres. Hay que dejar que cada niño desarrolle su propia personalidad.
Intentar ser el mejor amigo de tu hijo. Los padres que quieren ser geniales y estar al mismo nivel que sus hijos no están estableciendo límites saludables.	Los niños bien adaptados deben disfrutar saliendo con sus amigos. Los padres deben permitirles la libertad de pasar tiempo con su grupo de compañeros.
La manipulación emocional es una forma de conseguir lo que quieres a través de hacer que tu hijo se sienta culpable o innecesariamente responsable de ti y de tu felicidad.	Los niños deben ser libres de explorar sus propios intereses, elegir sus aficiones o actividades deportivas. Deben ser independientes para disfrutar de la compañía de otros sin que sus padres controlen todos sus movimientos.
No tener límites. Permitir cualquier cosa por la tranquilidad y no decir nunca que no a tu hijo.	Establecer límites realistas para ayudar a tu hijo a respetar a otras personas en una relación..

CÓMO EMPEZAR A SOLTAR PARA FOMENTAR LA INDEPENDENCIA

El vínculo emocional es esencial en los primeros días de crecimiento y desarrollo de tu hijo como persona. Les acompañas durante la infancia con toda la dependencia que tienen de ti. Les cuidas cuando son pequeños y les ayudas a aprender habilidades para la vida que les preparan para la escuela. Les guías a través de la educación primaria y más allá de esos momentos difíciles. El objetivo final es tener seres felices y equilibrados que puedan llevar sus propias vidas. Ninguna de estas autonomías será inmediata, pero a medida que vayas añadiendo responsabilidades y soltando parte del apego, tu hijo debería ir aprendiendo a ser independiente.

A continuación, se indican algunos pasos a seguir desde el hogar hasta la escuela para fomentar la independencia:

Empezando por el grupo de edad de los niños pequeños:

Es posible que tu hijo vaya a la escuela porque eres una madre trabajadora. Puede que hayas optado por enviar a tu hijo a la guardería algunas mañanas a la semana para que se relacione. Sea cual sea tu motivación, aquí tienes algunos consejos para animar a tu hijo a estar preparado para la guardería:

- Empieza dándole algunas tareas en la casa. Que te ayude a quitar el polvo o a guardar los juguetes y los libros.
- Deja que te acompañe a dar de comer a los animales, si tienes mascotas, o a regar el jardín.

- Busca cosas que pueda hacer para ayudarte y trabajen juntos en ello.
- Cruzar la calle puede ser un problema y, en ese caso, unas riendas le ayudarán a controlarse. Dile a tu hijo que cuando te haga caso y se tome de la mano, podrá caminar sin las riendas.
- Déjalo tomar algunas decisiones contigo. Por ejemplo, el tipo de sándwiches que vas a preparar o las flores que quieres recolectar. Escucha sus opiniones, tú sólo estás ahí para escuchar lo que tienen que decir.

Cuando tu hijo llegue a la escuela primaria, le habrás enseñado a ser independiente en algunos aspectos. Ahora, ¿cómo vas a reforzarlo?

- Lo ideal sería que tu hijo fuera capaz de vestirse solo y que le enseñaras a ponerse sus propios zapatos y calcetines. Los cordones pueden seguir siendo un reto, pero el calzado de los niños de hoy en día suelen tener velcro y eso lo hace más fácil.
- Tu hijo debe saber ir al baño y lavarse las manos correctamente para estar listo para ir al colegio.
- Manejar su propia fiambrera y los envoltorios de su comida es otro acto de independencia. Anímale a prepararse su propio almuerzo en algún momento.
- Si tu hijo no ha asistido a una guardería, o no ha pasado algún tiempo fuera de casa, asegúrate de organizar citas para jugar e interactuar con otros niños.

- Refuerza su autoestima y su confianza con pequeños gestos, animándole de camino al colegio y haciéndole preguntas sobre su día.

EL TIEMPO DE EXPOSICIÓN A LA PANTALLA Y SUS EFECTOS EN EL DESARROLLO INFANTIL

¿QUÉ ES EL TIEMPO DE PANTALLA?

Cualquier momento que tu hijo pase mirando una pantalla de cualquier tipo se clasifica como tiempo de pantalla. Puede tratarse de un teléfono inteligente (el tuyo) una computadora, un iPad, un televisor o videojuegos. Es un momento del día en el que tu hijo está inactivo y en el que gasta muy poca energía física. Se calcula que muchos niños pasan alrededor de 3 horas al día viendo y participando en algún tipo de este tiempo.

Hay muchas preguntas en torno al tiempo frente a la pantalla y muchos padres están preocupados por el efecto de los dispositivos digitales que tienen un impacto negativo en sus hijos. Existen guías sobre el tiempo exposición, y estas guías recomiendan que los niños menores de dos años no estén expuestos a ella en absoluto. Para los niños mayores de dos años se recomiendan de dos a cuatro horas.

Aquí algunas formas sencillas, fáciles y eficaces de reducir la cantidad de televisión o de tiempo frente a la pantalla que se permite en tu casa:

No pongas la televisión en el dormitorio de tu hijo:

Los estudios sobre los efectos de la televisión en el dormitorio han demostrado que esto provoca alteraciones en el sueño.

El acceso a este dispositivo en el dormitorio hace que se pase más tiempo viéndola por encima del número de horas recomendado.

Los efectos negativos están relacionados con el hecho de que el televisor está ocupando el lugar de otras cosas que los niños deberían hacer al final del día.

No permitas que tu hijo coma delante de la televisión:

Aunque es un lugar ideal para sentarse frente a ella y verla mientras comes, este no es el caso por varias razones. En primer lugar, esta forma de comer provoca que se desencadene el hambre y permite comer en exceso porque es más probable que se coma más y se haga menos ejercicio. Comer delante de la televisión lleva a picar cosas poco saludables. El sonido del televisor induce al cerebro a pensar que la televisión es igual a la comida, e ingerir alimentos basura conduce a una vida poco saludable.

Intenta no dejar la televisión encendida como ruido de fondo durante el día o en una ocasión familiar:

La TV de fondo no es buena para los niños y se ha comprobado que pueden pasar hasta cuatro horas al día escuchándola. ¿Qué efecto tiene esto en tus hijos? Puede que pienses que no es nada, que sólo está de fondo. Pues bien, no es sólo un ruido de fondo para un niño pequeño que está aprendiendo el lenguaje. Es algo perturbador que interfiere en el aprendizaje de los sonidos para hablar un idioma. La televisión de fondo tiene un impacto en lo que el cerebro es capaz de hacer a una edad temprana. Por eso, el tiempo de pantalla y la exposición a los dispositivos digitales no son recomendables para los niños menores de dos años.

No permitas que los niños vean la televisión mientras hacen los deberes:

Esto parecería una decisión obvia cuando los niños deberían estar concentrados en sus tareas. Sin embargo, en algunos hogares la televisión es el centro de la casa. Se enciende a todas horas del día. Sería conveniente encontrar un lugar menos público y más privado en la casa para ella. El ruido de fondo siempre va a ser una distracción, incluso si la imagen no es visible. Tener horarios fijos para ver TV es una forma mucho mejor de verla y de hacer los deberes.

- Sé un buen modelo de conducta y no veas la televisión todo el tiempo. Muéstrale a tu hijo que no eres adicto a estar frente a la pantalla. Tienes aficiones o te gusta leer o pasar el rato en el jardín, haces otras cosas con tu tiempo.
- Lleva un registro de cuántas horas pasa tu familia en la televisión y anótalo. Dedica el mismo periodo a una rutina de ejercicios. Aprovecha esta ecuación de tiempo para salir de excursión o visitar el parque, pero intenta compaginar el rato con otra cosa que no sea estar frente a la pantalla.
- Practica otros juegos en familia que no impliquen mirar la

pantalla del ordenador o la televisión. Los juegos de mesa son una forma estupenda de mejorar la capacidad de contar, la memoria, e incluso los conocimientos generales.

Los niños de hoy en día crecen en un mundo de tecnología, y los padres son la generación de adultos que tienen que intentar determinar cuánto tiempo de exposición a la pantalla es adecuado para sus hijos. Los dispositivos digitales proporcionan horas de entretenimiento y también material educativo. Sin embargo, el tiempo ilimitado puede ser perjudicial. Tiene que haber pautas y límites. Los niños que pasan todo el día con los dispositivos digitales se están perdiendo el crecimiento y el desarrollo físico, mental y social.

Estos son algunos de los efectos negativos del exceso de tiempo frente a la pantalla:

- La falta de ejercicio conduce a la obesidad: Los niños que pasan demasiado tiempo sentados frente a una pantalla no se ejercitan, ni desarrollan su masa muscular y su capacidad de coordinación. El movimiento y el deporte también son buenos para el cerebro, ya que necesitan estar activos para poder desarrollar ciertos conceptos.
- Demasiada televisión, o tener una pantalla en la habitación de tu hijo, puede causar problemas de sueño. El tiempo de exposición justo antes de acostarse no es una forma de relajarse. La luz azul de la pantalla interfiere en el ciclo de sueño del cerebro y provoca insomnio.
- Los problemas de comportamiento pueden surgir por el exceso de exposición a la pantalla, ya que los niños pasan

- menos tiempo siendo sociables e interactuando con otras personas o niños.
- La violencia en las actividades lúdicas puede provenir a menudo de los programas de televisión de carácter violento. Afectan la interacción de los niños con los demás. Ver algunos programas agresivos puede dejar una impresión duradera en los niños pequeños que los verán y querrán actuar de manera similar.
- Pasar demasiado tiempo con los dispositivos digitales puede ser perjudicial para la vida en familia. Esto se aplica tanto al adulto como al niño en el círculo familiar.

Ahora que se ha establecido que la exposición a la pantalla puede ser perjudicial para la salud de tu hijo, es importante analizar cómo esto puede afectar al desarrollo del niño. Especialmente en los menores de tres años. Un niño que está expuesto a demasiado a una pantalla y que ve pasar el mundo en realidad virtual tiene menos tiempo para jugar, hacer ejercicio, estar con los amigos y la familia, y formar parte de la vida familiar en general. Esto puede tener un impacto significativo en su crecimiento y desarrollo general.

¿CÓMO AFECTA LA EXPOSICIÓN A LA PANTALLA LA SALUD MENTAL DE LOS NIÑOS?

Esta es una pregunta que está en boca de muchos padres. En nuestro concepto del Yin y el Yang de la crianza de los hijos, "encendido" es lo contrario de "apagado". Hay que ser consciente de las consecuencias de tener el botón de encendido demasiado activado o de no interactuar en absoluto. El niño que no interactúa con los dispositivos electrónicos crecerá incapaz de funcionar en un mundo digital. Siempre se piensa en todo con moderación. Los padres que están informados son capaces de tomar las decisiones correctas de "encendido o apagado" y con esa información elegir la medida adecuada de tiempo.

Se preguntarán los adultos si la salud del cerebro del niño se ve afectada. Parece que la respuesta a esta pregunta es sí, la salud cerebral de los niños puede verse alterada como consecuencia del exceso de exposición a la pantalla. Se ha descubierto que los menores obtienen puntuaciones más bajas en las pruebas de pensamiento y lenguaje. Lo que se ha comprobado es que los dispositivos electrónicos liberan dopamina, la sustancia química del cerebro implicada en los deseos de satisfacción. El tiempo frente a la pantalla está contribuyendo a este tipo de publicidad emocional.

Los pediatras han recomendado las siguientes pautas para los niños con respecto a la exposición a las pantallas:

- Niños menores de 18 meses: No deberían pasar tiempo frente a la pantalla.
- Niños de 18 - 24 meses: Podrían ser vigilados por los padres, eligiendo programas multimedia de alta calidad.
- Niños de 2 a 5 años: Deberían ver una hora al día. Una parte de este tiempo debe pasarse con los padres para comprobar la calidad y el contenido de los programas, si es posible.

La televisión nunca debe utilizarse como un instrumento para cuidar a los niños. Las habilidades lingüísticas y de alfabetización parecen ser las más afectadas por el exceso de tiempo frente a la pantalla. Las capacidades de resolución de problemas se ven comprometidas por el exceso de tiempo delante del monitor, sobre todo si los padres no son selectivos en cuanto a la calidad del programa que se ve. Muchos de los espacios infantiles, especialmente los de animación, no tienen la calidad de lenguaje que los padres quieren que su hijo aprenda. Si todo se reduce a ver la animación, no hay un verdadero desafío al pensamiento o a la resolución de problemas.

Se están investigando los pros y los contras de la exposición a las pantallas. Es una suerte que se estén llevando a cabo estudios sobre sus efectos y, mientras no se haya tomado una decisión definitiva, los padres responsables deberían analizar seriamente lo que el tiempo frente a la pantalla puede estar haciendo a sus hijos. Las pantallas no se pueden prohibir. Están aquí para quedarse, la cuestión es cómo los padres se enfrentan a ellas.

Un panorama general parece sugerir que los niños muy pequeños no aprenden bien de las pantallas. Los niños mayores pueden aprender de ellas, pero el estilo sedentario de aprendizaje no es bueno para otros aspectos de su desarrollo. Los efectos de estos dispositivos todavía se están estudiando. En cuanto a la cronología, ¿sabías que el primer iPad salió a la venta el 3 de abril de 2010? En términos de una línea de tiempo de las invenciones, ya que se trata de una invención relativamente nueva. Los debates sobre el iPad se refieren al dispositivo como una incorporación reciente al mercado digital.

En los primeros 80 días de su lanzamiento, el iPad vendió 3 millones de unidades, y eso fue hace poco más de una década. En el mundo de los aparatos digitales es, en comparación con otros artefactos técnicos, un "niño del barrio" relativamente nuevo. Ha quedado claro que la responsabilidad recae en los padres. para que tomen conciencia del daño que puede causar en los niños un exceso de tiempo frente a este tipo de dispositivos.

Se recomienda la co-visión a una edad temprana, para que los padres puedan estar atentos a lo que se está viendo e interactuar con el niño. Cuando los papás estén convencidos de que su hijo está interactuando con el programa y no está mirando fijamente al monitor, se sugiere que ese sea el momento de dejar que el pequeño lo vea sin supervisión durante un corto periodo de tiempo. La opinión general es que los niños menores de tres años no adquieren realmente un desarrollo intelectual al mirar una pantalla. Aprenden el lenguaje y la interacción con los demás a través de la comunicación individual o dentro del grupo familiar. No hay nada que sustituya este aprendizaje en la vida real.

La opinión más unánime es que depende en gran medida del uso que los niños hagan de la tecnología, de los medios de comunicación y de lo que vean. Los padres deben intervenir aquí y controlar el tiempo de permanencia en la pantalla y el calibre de los programas que se ven. Mantener una inmunidad abierta con tu hijo sobre lo que está viendo ayuda a protegerle de ver programas indeseables.

¿Hay aspectos positivos en el hecho de ver pantallas y estar conectado a dispositivos digitales? Esta es la otra cara de la moneda del lado opuesto del argumento. En un debate habría dos bandos que expondrían sus motivos. Si estuvieras en el lado pro exposición a la pantalla, ¿qué tendrías que decir?

La primera reacción ante la pantalla que está viendo tu hijo es el suspiro de alivio cuando se dedica a algo y respiras por un momento. Utilizar un dispositivo digital como niñera continua, es probablemente el peor hábito, pero analicemos lo bueno que podría ser este sistema de custodia si se supervisara responsablemente teniendo en cuenta los límites.

¿Cuáles son los aspectos positivos de dar a los niños tiempo de pantalla?

- Hay una correlación definitiva entre los programas educativos y el aprendizaje del tiempo de exposición a la pantalla. Los contenidos relacionados con lo escolar pueden reforzar y ampliar el conocimiento general. En épocas difíciles, cuando los niños no podían asistir a sus centros escolares, las pantallas digitales se convertían en pizarras y tutores para quienes tenían la suerte de acceder a la enseñanza en línea.
- Los videojuegos y las aplicaciones digitales pueden mejorar la coordinación ojo-mano. Los niños disfrutan con los juegos digitales y, con moderación, tienen su lugar.
- Los niños mayores, que pueden comunicarse a través de los teléfonos móviles con la familia y los amigos, están en ventaja si surge la necesidad de contactar con alguien. Es un gran dispositivo de seguridad y resulta útil cuando los planes escolares o de los padres pueden cambiar.
- El aprendizaje de canciones, colores y formas y las actividades de cálculo se convierten en algo colorido y entretenido a través de ellas. La participación de un adulto añade más valor

a la actividad, en el caso de los niños más pequeños, donde la supervisión y la interacción social son importantes.
- La narración de historias, de cuentos infantiles de buen valor, puede cobrar vida para los niños. Sin embargo, el verdadero beneficio reside en la calidad del vocabulario. Los padres deben comprobar la calidad del lenguaje y la idoneidad para los espectadores más jóvenes.

Los pros y los contras de la exposición a la pantalla se reducen claramente a la gestión de los adultos. Sin duda, este espacio se ha convertido en parte de la vida cotidiana en la última década y, por lo tanto, los padres responsables están deseando tener pautas a seguir a la hora de gestionarlo en casa.

Los padres necesitan saber qué ven sus hijos y sería útil contar con algunas pautas para una visión apropiada. Mira estas sugerencias para un tiempo de pantalla responsable:

1. Establece límites a la cantidad de espacio de pantalla que permites a cada niño dependiendo de su grupo de edad. Sé coherente con las asignaciones de horas y haz que se cumplan las normas, quizás se hagan excepciones durante el fin de semana o las vacaciones, pero el límite de tiempo es el límite de tiempo.
2. Ten zonas en tu casa que sean libres de pantallas. Haz que se cumplan las normas, por ejemplo, nada de pantallas durante las comidas. No hay tiempo de pantalla en el dormitorio a la hora de acostarse. No usar el teléfono inteligente mientras se conduce: sé un ejemplo para tus hijos. Encuentra otros

lugares orientados a la familia en los que prefieras que no haya espacio de exposición a las pantallas.
3. Enfatiza el valor de los dispositivos utilizados con fines educativos. Ayuda a tu hijo a ver el valor de aprender sobre su entorno o el mundo que le rodea a través de la conexión con Internet. Muestra a los niños cómo pueden investigar muchas cosas nuevas. Cómo pueden aprender manualidades y probar experimentos científicos para desarrollar su interés por diferentes aficiones.
4. Sé consciente del control parental sobre lo que los niños ven o aprenden. Pon límites a su accesibilidad a programas que no sean adecuados para la edad que tienen.
5. Sé un buen modelo de conducta. Tu hijo te observa y se deja guiar por ti. Si estás constantemente con tu móvil u ordenador cuando podrías estar pasando tiempo de calidad con él, no estás siendo un buen modelo de comportamiento. Asegúrate de practicar lo que predicas, y tus hijos seguirán tu ejemplo.
6. Ofrece otras actividades para que tu hijo tenga oportunidades de participar en las experiencias normales de cada día y en cosas prácticas que hacer. Salgan a pasear por el parque o visiten a un amigo, hagan galletas en la cocina mientras cantan juntos canciones infantiles. El tiempo frente a la pantalla no puede proporcionar este tipo de actividades maravillosas para crear vínculos entre padres e hijos.

12

OPORTUNIDADES DE DESARROLLO INFANTIL A PARTIR DE LA DISCIPLINA POSITIVA

La Disciplina Positiva o DP es un estilo de crianza que se centra en la idea de que los niños no son intrínsecamente malos, pero hay comportamientos que manifiestan que no se aprueban y se consideran mala conducta. La Disciplina Positiva toma esos comportamientos y, a través de la interacción positiva con los niños, convierte el mal comportamiento en oportunidades de aprendizaje para ellos.

A CONTINUACIÓN, SE PRESENTAN CINCO CONCEPTOS DETRÁS DE LA DISCIPLINA POSITIVA PARA PODER UTILIZAR ESTE MODELO DE CRIANZA:

1. La comunicación debe ser efectiva para beneficiarse de este modelo de crianza.
2. La disciplina se considera una herramienta de enseñanza y

orienta a los niños. No es permisiva, sino que tiene pautas que enseñan a los niños a través de sus errores.
3. La Disciplina Positiva se centra en la búsqueda de soluciones a los problemas y no en el castigo.
4. El centro de este modelo de disciplina es el respeto mutuo. Padres e hijos lo construyen respetándose los unos a los otros.
5. Los padres intentan resolver los problemas comprendiendo su raíz.

Estos conceptos básicos dan una buena base a los principios de la crianza positiva y ayudarán a los padres a gestionar el comportamiento de sus hijos. Este modelo de crianza siempre pretende encontrar resultados favorables.

En lugar de ver cada incidente de mal comportamiento como un elemento de mala conducta, la Disciplina Positiva ve estos eventos como oportunidades de aprendizaje y crecimiento. El "tiempo fuera", una forma común de disciplina, se convierte en "tiempo dentro". Los niños aprenden al pasar el tiempo dentro con sus padres. Es una oportunidad para crecer en carácter y entender cómo comportarse.

¿La Disciplina Positiva funciona con niños muy pequeños? Sí, pero el nivel de exigencia es diferente, ya que todavía están aprendiendo a comunicarse y a crear un vínculo de confianza con sus padres. A continuación, algunas ideas sencillas sobre cómo dirigirla:

La redirección es una táctica de Disciplina Positiva:

La Disciplina Positiva redirige a los niños para que participen en otra actividad si tienen dificultades para enfrentarse a su momento actual.

Practica el "tiempo dentro" y no el "tiempo fuera":

El tiempo de espera da a los padres la oportunidad de hablar con su hijo, de forma individual, para llegar a la causa subyacente de la acción. Es el momento de intentar que el niño entre en contacto con sus emociones para entender por qué puede haber sentido ira, decepción o frustración.

Dar recordatorios breves y sencillos:

Utilizar recordatorios breves o palabras clave para ayudar a los niños a entender lo que se les pide en lugar de gritarles largas indicaciones.

Utilizar afirmaciones positivas:

Encontrar momentos para elogiar a los niños por lo que hacen bien o por los obstáculos que han superado es una parte muy importante de la crianza positiva. De este modo, los niños ven las cosas buenas que pueden hacer.

Entender este método de disciplina y ponerlo en práctica puede parecer complicado. Sin embargo, no es difícil en absoluto una vez que se comprenden sus principios y características.

Estos son algunos de los principios subyacentes a la Disciplina Positiva. La idea de conocerlos es ayudar a que ella forme parte de tu vida familiar.

PRINCIPIO # 1:

Esta forma de crianza se centra en la confianza, la amabilidad y la conexión con tu hijo. Cambia la forma de responder al mal comportamiento. Tu respuesta a la disciplina es más comprensiva y solidaria. Aunque eres amable, también eres firme y estableces límites que cumples. Tu hijo sabe cuándo ha sobrepasado un límite y le ayudas a superarlo. Es necesario conocer a fondo la etapa de desarrollo en la que se encuentra el niño. También debes conocer su nivel de comprensión de la acción ofensiva. Esta es la parte didáctica de la crianza positiva, ya que puedes explicar por qué la acción de tu hijo ha causado daño o dolor a otra persona.

PRINCIPIO # 2:

Los niños deben sentirse seguros y protegidos durante los momentos en que se les sanciona. Los padres están enseñando y guiando durante este tiempo, ya que muestran a sus hijos el bien y el mal. La Disciplina Positiva se aleja del castigo verbal y físico que provoca miedo, desconfianza y pérdida de autoestima, ayudando a los niños a sentirse motivados para seguir las indicaciones de sus padres y desarrollar un buen carácter.

PRINCIPIO # 3:

Dominar el modelo de crianza positiva puede requerir algunos ajustes porque probablemente sea diferente al estilo de paternidad con el que has sido criado, pero una vez que te familiarices con los principios y empieces a ver los resultados, te animarás a seguir este camino.

A continuación, te ofrecemos algunas sugerencias sobre cómo puedes incorporar la crianza positiva a la forma de educar a tus hijos utilizando estas ideas de forma más optimista y alentadora:

Mantén la calma:

Intenta abordar el problema con tranquilidad y evita los discursos largos que prolongan el castigo. Haz que la charla disciplinaria sea breve y dulce.

Sé coherente:

Pon tus directrices sobre cuáles son tus límites y aférrate a ellos. Sé firme pero justo.

Intenta ser un buen modelo de conducta:

Incorpora la atención y la empatía en tu enfoque de crianza. Tus hijos verán la diferencia y te respetarán por tu actitud diferente hacia ellos y su comportamiento.

Actúa lo antes posible:

Intenta solucionar el problema lo más rápido y fácilmente que puedas. Sé realista en ese momento y ten en cuenta la raíz del asunto. ¿Tu hijo está cansado, tiene hambre, está listo para volver a casa? Ten en cuenta las circunstancias en las que te encuentras.

Dale una afirmación positiva:

Dile a tu hijo con frecuencia lo bueno que ves en él.

Uno de los factores clave de esta poderosa herramienta de crianza positiva es el progenitor. La educación de los hijos puede ser realmente difícil a veces y, a menudo, saber lo que hay que hacer no es lo mismo que saber cómo hacerlo. Tener algunas ideas sobre cómo convertirse en un padre positivo debería ayudar a los progenitores con este estilo de paternidad. Sólo algunas ideas de cómo convertirse en parte de esta ideología de crianza positiva:

1. Utiliza tu voz calmada:

Respira profundamente y habla con serenidad y despacio si te encuentras en una situación en la que lo único que quieres hacer es gritar. Con los gritos no se consigue nada, esto sólo construye barreras entre padres e hijos.

2. Establece conexiones físicas:

Reparte abrazos o establece conexiones corporales siempre que puedas. Acurrúcate y lee un libro. Dedicar tiempo a algún contacto físico siempre te acercará física y mentalmente a tu hijo.

3. Déjate tranquilizar:

Di que lo estás haciendo lo mejor posible. Todo lo que conlleva ser padre o madre requiere un cierto reajuste y tú lo estás haciendo lo mejor que puedes.

4. Relaciónate con tu hijo a través del contacto visual:

Cuando pases tiempo con tu hijo, haz un esfuerzo consciente por mantener su atención estableciendo un contacto visual claro y demuéstrale que realmente le estás escuchando.

5. Deja tiempo libre:

Deja algo de tiempo en el día para sentarse y jugar juntos. Pon las llamadas en espera y anota el tiempo de juego en tu agenda. Compartir con tu hijo contribuirá al aspecto social de la crianza positiva y les ayudará a conectar.

6. Muestra formas de ser amable:

Deja que tu hijo vea las formas en las que demuestras tu amabilidad con los demás y con él. Querrá imitarte, y mostrar bondad es una parte clave de la disciplina positiva.

7. Llama la atención sobre lo positivo:

Empieza a fijarte en las pequeñas cosas positivas de tu hijo. Busca las pequeñas formas en que muestra su lado bueno.

8. Intenta ser auténtico:

Muestra a tus hijos quién eres y no quién pretendes ser o crees que deberías ser. Muestra tus sentimientos. Discúlpate si te equivocas y hazles saber que no eres perfecto, pero que intentas hacerlo lo mejor posible.

9. Ten en cuenta tus objetivos:

Recuerda que tienes objetivos para tu familia y que la crianza positiva es una de las formas de alcanzarlos. Si no pierdes de vista el objetivo, las habilidades de crianza que pongas en práctica tendrán un propósito mayor.

10. Decide ser un padre positivo:

No te dejes desanimar por las referencias a un estilo autoritario de disciplina. Asegúrate de que tienes en mente los principios de la crianza positiva y empieza a actuar según ellos. Puede que cometas errores sobre la marcha, pero eso no significa que no hayas intentado ser eficaz en tu educación y en tu disciplina.

Uno de los principios clave de la crianza positiva es utilizar las oportunidades que necesitan alguna forma de disciplina para que se conviertan en curvas de aprendizaje y momentos de crecimiento individual. ¿Cómo se puede hacer esto cuando probablemente te sientas impaciente y normalmente hubieras reaccionado de otra manera?

¿Qué puedes hacer para que cada situación sea una oportunidad de crecimiento?

No es fácil cambiar de opinión. Puede que estés siguiendo el tipo de crianza de la vieja escuela y ahora tengas la idea de que hay algo mejor ahí afuera. Quieres formar parte de este nuevo enfoque, pero todavía eres un poco escéptico.

La crianza positiva es una forma de responder a las necesidades emocionales de tu hijo de forma sensible, y tiene en cuenta las etapas del crecimiento, así como los sentimientos y el desarrollo emocional.

¿QUÉ DEBE HACER UN PADRE CUANDO SE PRESENTA UNA SITUACIÓN?

- Pregúntate si tu hijo necesita ayuda con algo: ¿Cómo puedes tú, el padre, ayudar con una necesidad básica en ese momento? Sintoniza con las necesidades y emociones del niño con sensibilidad, en lugar de pensar inmediatamente en un castigo que aplicar para que haga lo que tú quieres sin ninguna sensibilidad.
- Piensa en términos de resolución de problemas y no en tratar de controlar un comportamiento que consideras inaceptable: Ve más allá de la conducta. Sí, no te gusta la forma en que tu hijo se está portando, pero con algunas habilidades relevantes para la resolución de problemas puedes ser capaz de darle la vuelta a la situación. Cuando ofrezcas una solución al problema que le muestres a tu hijo, él podría haber hecho lo mismo y haberse ahorrado una gran cantidad de ansiedad.
- Sé respetuoso con las necesidades de ambos: Los dos son miembros de la familia en esta crisis. Respeta sus sentimientos y gestiona la consideración de los tuyos también. Enséñale a tu hijo lo que es el respeto a través de un episodio de comportamiento en el que se falte al respeto.
- Reconoce las etapas de desarrollo por las que está pasando tu hijo: Pregúntate si tiene la capacidad de razonamiento para resolver esta situación o si está preparado para esta etapa de desarrollo físico. Reconocer sus niveles de crecimiento hará que algunas de tus decisiones como padre sean mucho más fáciles. Descubrirás que es posible asumir el papel de maestro

cuando un niño no está preparado para un comportamiento relevante. Prefiere ser el que enseña antes que el que hace cumplir la ley.

- Evita castigos como los golpes, el tiempo fuera, los insultos y el avergonzar a tu hijo. Al leer estas formas de castigar y aprender sobre la disciplina positiva, es posible que te sientas muy incómodo. Eso es bueno. Muestra que reconoces cuán lejos de la crianza positiva, y de la Disciplina Positiva, están estas formas de disciplinar.

Siempre habrá escépticos y detractores cuando intentes hacer lo mejor posible para ser un padre positivo. Reconoce que hay algunos enemigos ahí fuera dispuestos a aplastar tus mejores esfuerzos.

¿CUÁLES SON ALGUNOS DE LOS ENEMIGOS DE LA DISCIPLINA POSITIVA?

#1

Tal vez te sorprenda leer que tú mismo eres tu peor enemigo y que podrías ser el que sabotea tus esfuerzos por convertirte en miembro del Club de la Paternidad Positiva. Esto se debe a que a menudo eres quien dice las cosas más negativas sobre ti mismo. Tienes que dejar de hablarte negativamente, ya que esto rompe tu confianza como padre.

#2

Cuestionar si lo estás haciendo todo bien. El padre perfecto es un cuento de hadas, una fantasía. Intentar serlo te frustrará a ti y a tus hijos. Tu mentalidad debería ser más bien la de tratar de hacer lo mejor posible y no tener que ser el más destacado. Considera la posibilidad de elegir el camino correcto para tu familia y tratar de guiar a todos por él. Eso es más alcanzable y no te hará sentir derrotado.

#3

Preguntarte si eres lo suficientemente bueno. Cualquier padre piensa de vez en cuando que no es lo suficientemente apto para su rol. Pensar así con demasiada frecuencia siembra la duda sobre uno mismo y este tipo de discurso negativo hace más difícil intentar nuevas habilidades, porque preguntarnos sobre nuestras capacidades como padres hace más difícil serlo.

#4

Hacemos comparaciones injustas. Vivimos en un mundo muy competitivo y podemos tener la tentación de hacer comparativas poco realistas entre nosotros y otros padres y sus hijos. Las redes sociales pueden erosionar nuestra confianza en nosotros mismos y en nuestros hijos debido a la posibilidad de hacerlas. Estas comparaciones conducen al descontento y a la duda sobre tus propias habilidades de crianza, que pueden estar perfectamente bien y adaptarse perfectamente a tu familia.

#5

Demasiado estrés en tu vida. La paternidad no es para los débiles de corazón y puede ser agotadora. Los padres siempre son mejores cuando están relajados y no estresados. Si el exceso de estrés está afectando a tu estilo de crianza, intenta encontrar formas de aliviarlo. Haz que los niños participen en la casa. Saca tiempo para ti compartiendo la carga de la paternidad. La gestión del tiempo también es un factor importante. Asegúrate de tener un horario que te permita tener algo de tiempo libre.

#6

No te dejes llevar por las comparaciones. Cada padre, cada niño y cada familia son únicos, y tus habilidades parentales pueden estar bajo escrutinio. Mantente firme y no dejes que las equiparaciones te hundan.

Cuando sientas que te enfrentas a un comentario negativo, o que tu forma de ser padre parece estar en terreno movedizo, intenta darles la vuelta a tus pensamientos en ese preciso momento. Busca la manera de utilizar el incidente como una oportunidad de enseñanza. Permite que se cometan errores y recuerda:

"La disciplina es ayudar a un niño a resolver un problema. El castigo es hacer sufrir a un niño por tener un problema. Para criar personas que resuelven problemas, hay que centrarse en las soluciones, no en las retribuciones".

— L.R. KNOST, "DOS MIL BESOS AL DÍA"

HABILIDADES PARA HABLAR Y ESCUCHAR

Como adulto y padre, esperas que tus hijos te escuchen. Por desgracia, no siempre es así. Hablar y escuchar son habilidades. Tanto los adultos como los niños deben aprender a utilizar estos dos medios de comunicación. La crianza de los hijos y la disciplina positiva son muy difíciles si no se sabe hablar a los hijos y que ellos a su vez escuchen.

He aquí el *CÓMO, el *QUÉ, el *POR QUÉ, el *DONDE y el *CUANDO de hablar con los niños.

Pautas de diferentes oportunidades para hablar con ellos y descubrir que te escuchan.

EL CÓMO:

- Conseguir que tu hijo te preste atención y se concentre en ti es el "cómo" más importante de la conexión con tu hijo.
- Significa ponerse a su nivel para establecer contacto visual, de modo que tu hijo pueda centrarse específicamente en ti.
- Di su nombre cuando le hables. Esto atrae su atención y se involucra contigo cuando lo dices, estableces contacto y luego tu petición.
- Haz que tu interacción sea personal. No grites desde el otro lado de la casa o del jardín. Acércate a donde está tu hijo y háblale de lo que quieres que haga. De este modo, dará prioridad a lo que le pides.
- Habla en el nivel de lenguaje correcto. Cuanto más pequeño sea el niño, más cortas serán las frases y menos instrucciones.
- Dale a veces a tu hijo la posibilidad de elegir. Sólo una elección rápida entre dos cosas. Por ejemplo, "¿quieres cereales o tostadas? Elecciones sencillas de cosas de la casa.

EL QUÉ:

- Lo que se dice es importante. Intenta ser positivo y utiliza menos la palabra "no" si puedes. En lugar de decir "no" a saltar en el sofá, di: "nombre del niño, nos sentamos en el sofá".
- Avisa con anticipación que vas a ir a un evento. Tu hijo

necesita tiempo para prepararse. Se sentirá mejor si sabe que tiene que ir pronto.
- Intenta decir "¿qué he dicho?" y pídele que repita lo que has dicho para ver si te ha escuchado. Haz que la instrucción sea corta para que sepa que puede repetirla.
- Di lo que quieres empezando por "quiero que...". De este modo, tu hijo sabrá qué es lo que tiene que hacer.
- Di lo que deseas de forma que lo entienda. Intenta no preguntar "por qué", sino decir "hablemos de lo que has hecho" cuando.... Los niños a menudo no pueden responder al "por qué", y el problema puede entenderse mejor si tú hablas de lo que hicieron.

EL PORQUÉ:

- Piensa en el motivo por el que le pides algo a tu hijo y esto te ayudará a expresarlo correctamente y con el tono de voz adecuado.
- El por qué le pides algo a un niño es un buen momento para entrar en contacto con sus sentimientos o transmitir los tuyos. Puedes decir cómo te sientes cuando no te están escuchando.

EL CUÁNDO:

- El momento es importante a la hora de intentar que un niño escuche. Cuando los niños tienen otras necesidades, como

dormir, comer o simplemente irse a casa, es difícil hablarles con sensatez.
- Cuando los pequeños están claramente molestos por algo, no será un buen momento para hablar con ellos. Haz una petición clara y breve y trata de calmar su malestar emocional antes de empezar con tu enfoque de disciplina positiva.
- Utiliza la táctica de "cuando y entonces". Esto funciona muy bien para tratar de enseñar las consecuencias. Cuando se hace lo que quieres que se haga, entonces habrá hecho algo para tu hijo.

EL DÓNDE:

- Lo ideal es que tu conversación se desarrolle en el espacio donde necesitabas decir algo. Ve al lugar donde deseas que se haga.
- Explica las normas de seguridad en el lugar donde la toma de conciencia de la seguridad es relevante, si es posible. Utiliza los libros para explicar información importante como herramienta de conversación.
- Aprende sobre los modales y el comportamiento en las comidas, compartiendo la mesa.

Vigilar el cómo, el qué, el por qué, el cuándo y el dónde marcará la diferencia en los momentos de conversación con nuestro hijo. Te hará reflexionar a conciencia sobre la forma en la que hablas con él.

La conversación con tu hijo debe comenzar desde la infancia. Aquí es donde el conocimiento de las fases de desarrollo y la habilidad para hablar con un niño van de la mano. El crecimiento de los niños en este ámbito es rápido y se dan pasos de gigante. Saber lo que se puede esperar y las aportaciones para las que hay que estar preparado contribuye al crecimiento de la comunicación entre ustedes.

El desarrollo de la comunicación desde los bebés hasta la etapa de los niños pequeños y más:

El nacimiento y la infancia:

El desarrollo de las habilidades comunicativas comienza desde el nacimiento con una interacción suave y un contacto cariñoso, ya que el bebé se siente seguro y querido. Cuando tu bebé haga ruidos de balbuceo, respóndele de la misma forma para participar en esta primera etapa de la conversación.

Hablar con los niños pequeños:

Los niños de corta edad están aprendiendo palabras a gran velocidad. Empiezan haciendo pequeñas frases de tres o cuatro palabras y entendiendo las peticiones de sus padres. No tienen el vocabulario necesario para expresar grandes ideas o acontecimientos, pero están aprendiendo a comunicarse todo el tiempo.

Cuando estés con tu hijo pequeño, dale las palabras para describir lo que están haciendo, deja que repita después de ti cualquier cosa que estén realizando juntos. Corrígele con calma repitiendo lo que ha dicho de forma amable, para ayudarle en su conversación. Dale tiempo a los niños para que encuentren las palabras adecuadas y luego ayúdales con el aprendizaje de una nueva. Observa su lenguaje corporal y su forma de comunicarse señalando objetos. Dales las palabras que buscan.

Aprender canciones y rimas es una forma estupenda de enseñar a los niños pequeños el lenguaje. Si tu hijo está en un centro de preescolar, averigua qué canciones están aprendiendo y pueden cantarlas juntos en casa. Mientras juegan, dile a tu hijo lo que estás haciendo y así aprenderá las palabras de la acción que está experimentando. Cuanto más jueguen juntos y digan las palabras correspondientes a las acciones, más aprenderá tu hijo a hablar el idioma que estás introduciendo en casa.

Hablar con los niños en edad preescolar:

Ahora tu hijo ha ascendido en la escala de la comunicación. Estas personitas están empezando a utilizar el lenguaje para describir su mundo y sus sentimientos. Utilizan frases más largas y empiezan a describir sus sensaciones. Los preescolares aprenden haciendo muchas preguntas. Quieren conocer el mundo que les rodea. Su capacidad de atención ha aumentado y son capaces de contar historias y mantener conversaciones. Demuestra a tu hijo que le escuchas y préstale toda tu atención cuando puedas. Tu hijo de preescolar ya tiene muchas palabras y puede encadenarlas. Si sus historias se están alargando demasiado y tú tienes otra cosa que hacer, sugiérele que termine rápidamente en ese momento, o que deje el resto de la historia para más tarde.

Escucharás muchas preguntas de "por qué". Intenta responderlas de manera justa. Tómate en serio la respuesta a las preguntas e intenta encontrar la respuesta correcta. Si no lo sabes, díselo a tu hijo en edad preescolar y busca la respuesta.

Pueden hacerlo conjuntamente si tu hijo está interesado. Leer y mirar libros con tu pequeño ayuda a ampliar su perspectiva y a aumentar su vocabulario.

Primeros años de la escuela primaria:

Esta es una etapa apasionante en la que las palabras y los sonidos se unen, y los niños empiezan a leer por sí mismos y a escribir, además de deletrear. Además, son capaces de mantener conversaciones más adultas. Si sospechas que hay algún retraso significativo en el lenguaje o problemas de habla, es importante que lo resuelvas cuanto antes. El maestro de tu hijo también podrá darte su opinión si no se desenvuelve bien en la escuela.

Nuestra capacidad de comunicación tiene dos caras. Hablar y escuchar, y la escucha es una habilidad. ¿Cómo aprendemos a escuchar? ¿Es un proceso natural o hay que enseñarlo? Básicamente, cuando los padres quieren que sus hijos escuchen, quieren saber si su hijo puede oír su voz. Quieren saber si su hijo es capaz de desentenderse de los ruidos de fondo y sintonizar con sus voces. ¿Tienen los niños la capacidad de entender el significado de las frases y pueden interpretar plenamente su sentido?

En realidad, no es de extrañar que a algunos niños les cueste escuchar. Esta habilidad está sujeta a su etapa de desarrollo, su capacidad cognitiva y su bienestar al momento de recibir el mensaje. La habilidad de escucha necesita práctica y estímulo. Seguir los pasos del desarrollo ayudará a los padres a entender en qué consisten estas habilidades y a ayudar a su incremento.

Escuchar requiere en realidad tres procesos. Oír, escuchar y prestar atención:

1. Oír:

La audición del bebé comienza a desarrollarse en el útero. En esta etapa tan temprana el bebé desarrolla la capacidad de oír. Poco después de nacer, el bebé reacciona a la voz de la madre. Algunos niños pueden nacer con una deficiencia o discapacidad auditiva. A veces sufren pérdidas de audición a causa de infecciones.

2. Escuchar:

Los bebés empiezan a escuchar y a girar la cabeza hacia un sonido a partir de los cuatro meses. A medida que crecen, empiezan a oír la diferencia entre los sonidos que les rodean y, en particular, la voz de su madre. A medida que se desarrollan y van creciendo, son capaces de identificar sonidos y reconocerlos en palabras y frases. Estas habilidades ayudan a los niños a comprender la fonética y les llevan a ser capaces de leer. Aunque pueden escuchar los sonidos, necesitan ser capaces de prestar atención al mismo tiempo para concentrarse en la escucha durante períodos más largos.

3. Prestar atención:

El tercer componente es prestar atención. Los niños pasan por cinco etapas de atención:

1. La fase de distracción de 0 a 1 año: A esta edad, los primeros intentos de mantener su atención no son fáciles de realizar.
2. La fase de atención monocanal de 1 a 2 años: Durante esta fase, el niño puede concentrarse en una cosa a la vez. No les gusta en absoluto que se les distraiga de esto.
3. La fase de canal único, más flexible, de 2 a 3 años: Aquí es donde pueden empezar a cambiar de una actividad a otra.
4. La fase de doble canal de atención entre los 4 y 5 años, en la que pueden centrar su atención en una actividad y en un interlocutor.
5. La atención plenamente integrada se produce a partir de los 5 años. El niño debe ser capaz de centrar su atención en grupos de distintos tamaños y de ignorar algunas distracciones. Pueden mantener su concentración por un periodo más largo de tiempo.

Es importante señalar que no todos los niños alcanzarán estos objetivos a la vez. Esto es sólo una orientación.

Los niños con poca capacidad de escucha tendrán dificultades para prestar atención y una mala comprensión repercutirá en su trabajo escolar. Escuchar permite a los niños desarrollar su vocabulario, mejorar sus habilidades lingüísticas y su entendimiento. Cuando los niños llegan a la fase de la escuela primaria y aprenden a leer, escribir y deletrear, necesitan ser capaces de escuchar y procesar los sonidos a través del procesamiento auditivo.

La escucha con comprensión es otra parte importante de las habilidades auditivas. Esta forma de audición hace que el niño comprenda el significado de las palabras y se relacione con ellas. También le permite escuchar una historia, entender de qué se trata y hablar de ella. Incluso puede ser capaz de recordarla y volver a contársela a otra persona. La comprensión auditiva tiene todos estos efectos de desarrollo de habilidades. Los buenos oyentes se convierten en buenos comunicadores.

A continuación, te proponemos algunas formas de mejorar la capacidad de escucha cuando tu hijo esté preparado para ello:

- Haz un esfuerzo consciente para planificar algún tipo de actividad de escucha en tu día. Puede ser un juego, leer un cuento, divertirse con juegos musicales como las estatuas o cantar rimas y canciones juntos.
- Ayuda a tu hijo a ampliar su vocabulario. Los libros con dibujos y palabras o los cuentos sencillos son elementos que refuerzan el léxico durante las primeras etapas de su adquisición. Las fichas, los juegos y los programas infantiles orientados específicamente a la obtención de palabras son de gran ayuda.
- Las actividades deben ser cortas y agradables, porque la mayoría de los niños pequeños tienen una capacidad de atención muy breve.

¿Cómo disciplinar a un niño que no escucha?

Este puede ser uno de los aspectos más frustrantes de la crianza. Quieres enseñar a tu pequeño, pero te desafía repetidamente y no quiere escuchar. Esto hace que los padres sientan que no tienen ningún control sobre su hijo y ninguna influencia a la hora de disciplinarle.

Una de las razones para no escuchar deliberadamente se atribuye a una lucha de poder en curso. Aunque no seas plenamente consciente de ello, tu hijo puede utilizar el hecho de ignorarte como una forma de tener cierto poder sobre ti al no escucharte de forma deliberada.

Si tu hijo puede oír y escuchar la mayor parte del tiempo cuando lo desea, el hecho de no escucharte a ti en particular podría formar parte de una mentalidad de lucha de poder. Cuando los niños deciden no escuchar, están tomando el control de la situación. Están utilizando su cuerpo y su actitud para tener preponderancia en la relación. Esto podría ser una oportunidad para que tú, como padre, dejes de lado parte del control que tienes y permitas que tu hijo tome algunas decisiones. No se trata de elecciones importantes, sino de algunas pequeñas como la ropa que se pone o el cuento que elige. Involúcralos en algunas de las tareas domésticas y trata de ceder parte del control que tienes sin que se den cuenta de que has tomado el dominio total.

Piensa en ofrecer a tu hijo la posibilidad de elegir. Si le das la posibilidad de decidir entre una u otra opción, le cederás algo de poder y le ayudarás a tomar decisiones. Cuando no hay elección, la petición se percibe como una orden y quizás tu hijo escucharía con más atención si la solicitud viniera acompañada de una opción. Entonces tu hijo tiene que pensar en las posibilidades y decidir.

Sé coherente con tus peticiones. Ser consistente permite que tu hijo se sienta cómodo con tus expectativas. Puedes hacer una cuenta atrás para realizar el trabajo. Esto ayuda a tu hijo a saber que dentro del espacio de la cuenta atrás tiene ciertas cosas que hacer y esa es la expectativa estable que necesita.

Modela tú mismo las buenas habilidades de comunicación y ayuda a mostrar a tu hijo que eres un buen oyente y que haces lo que se espera de ti en la casa. Estás dispuesto a ayudarle a ordenar, pero no estás dispuesto a aceptar una habitación descuidada y tu hijo tendrá que responder también por ella.

Aunque te sientas muy frustrado cuando tu hijo no te escuche, intenta no gritar. Con gritos y chillidos no se consigue nada. Los niños apagarán su botón de escucha ante los alaridos, y tus palabras y tu alto volumen de energía serán un desperdicio.

<u>Gritar no funciona</u>. Provoca miedo y negatividad. Los gritos eliminan las oportunidades de aprendizaje asociadas a la ayuda y la escucha.

Gritar simplemente hace que tu hijo sienta que tiene que obedecer, y no hay manera de que sea una parte integral de la acción. Solo se sienten empujados a seguir órdenes.

¿Qué puedes hacer en su lugar? Aquí tienes algunas sugerencias:

- No te limites a decir que no todo el tiempo mientras le gritas a tu hijo y a lo que está haciendo. Dale la vuelta a la conversación y dale un sesgo positivo pidiéndole a tu hijo que haga algo bueno. En lugar de gritar que no corra mientras todos bajan del coche, gira la conversación, y di que ahora vamos todos a caminar hasta la casa. Si la petición es

ignorada, entonces estaría justificado dedicar un tiempo a explicarle por qué ir hacia dentro es la mejor opción.
- Tómate el tiempo necesario para hacer una pausa y respirar profundamente antes de continuar con tus instrucciones. Ofrécele ayuda en la tarea y demuéstrale que trabajar juntos es una buena manera de hacer las cosas.

CÓMO PASAR DEL CAMPO DE BATALLA AL LUGAR PACÍFICO

Está claro que a todas las familias les gustaría que su casa fuese un refugio.

Como Dorothy del Mago de Oz, que dice:

"No hay lugar como el hogar".

Y con un chasquido de sus zapatillas de rubí, Dorothy, interpretada por Judy Garland en el musical de 1939, regresa a su casa en Kansas.

Esas zapatillas se han convertido en uno de los objetos más valiosos de los recuerdos de la película y, sin duda, le permitirían a Dorothy tener una gran casa, muy alejada de la humilde choza en la que vivía cuando se produjo el tornado. ¿A veces sientes que tu hogar ha sido golpeado por un tornado? ¿O crees que en realidad es una zona de guerra, un campo de batalla?

"El campo de batalla es un escenario de caos. El vencedor será el que controle ese caos, tanto el propio como el de sus enemigos"

— NAPOLEÓN BONAPARTE, UN LÍDER MILITAR FRANCÉS DURANTE LA REVOLUCIÓN FRANCESA.

¿Describiría esta cita tu casa? ¿Intentas ser el que controla el caos? ¿Te preocupa cómo el descontrol puede estar afectando a tu hijo? El caos afecta a la vida familiar. Se caracteriza por la desorganización y la confusión, y tiene un efecto negativo en los niños. Todo el mundo quiere un hogar tranquilo. Nadie quiere un campo de batalla.

El caos doméstico es un término válido utilizado por los investigadores sobre los efectos de la vida hogareña en los niños. Crecer en un hogar que es ruidoso y no tiene una rutina establecida y además es un entorno en el que los niños nunca saben lo que puede pasar a continuación, es perjudicial para el ambiente que los padres deberían intentar tener para criar a sus hijos. El caos doméstico se mide por el nivel de desorganización y confusión en el hogar y estos elementos tienen un efecto adverso en los niños. Los estudios sobre estos aspectos han demostrado que repercute en el desarrollo cognitivo, la alfabetización, el desarrollo social y emocional. La familia, o el caos doméstico, está directamente relacionado con las rutinas del hogar o la falta de ellas y con la negatividad de los padres, que también se ven afectados por él.

CAOS es un acrónimo de:

- **C** - Confusión
- **A** - Alboroto
- **O** - Orden ausente.

Confusión que refleja la falta de organización y límites en el hogar creando un ambiente organizado para toda la familia.

El alboroto describe los niveles de ruido, ya que todos luchan por hacerse oír por encima del caos.

Y

Orden ausente se refiere a la falta de organización ya que no hay rutina o poca estructura en la vida familiar.

La familia y los amigos se refieren a estos entornos domésticos con comentarios como:

> *"Nuestra casa es como si viviéramos en un zoológico",*

o

> *"¡Cuando estoy en casa no me oigo pensar!".*

El caos en el hogar o la mentalidad de campo de batalla están relacionados con el comportamiento disruptivo en la escuela, donde los niños arrastran un estilo de vida de enfrentarse a entornos revoltosos.

Este tipo de ambiente en el hogar se puede modificar y la introducción del modelo de crianza positiva junto con un estilo de Disciplina Positiva de control es la manera de restaurar el orden. Se necesitará un esfuerzo de equipo y una decisión consciente de cambiar, pero se puede hacer.

"Cuando un equipo se hace cargo de sus problemas, el problema se resuelve. Es cierto en el campo de batalla, es cierto en los negocios y es cierto en la vida"

— JOCKO WILLINK

Jocko Willink es un autor estadounidense y oficial retirado de los SEAL de la marina.

Si te encuentras desesperado en un mar de caos en casa, sigue el consejo de este oficial y reúne a tu equipo para hacer frente al descontrol. Lo contrario del caos es el orden y, por lo tanto, tiene sentido restablecerlo en tu entorno doméstico.

Aquí tienes algunos consejos prácticos para empezar:

Si tu casa es un entorno caótico, te parecerá abrumador al principio, pero empieza poco a poco y ve avanzando. Di a ti mismo:

"El amor empieza en casa", una breve y dulce cita de la Madre Teresa.

Todo lo que haces, lo haces por amor a tu familia.

Primer paso:

Tómate unos minutos para organizar tu mente y tu estado de ánimo con respecto a los cambios que quieres hacer. Escribe una lista para tener una idea ordenada de lo que vas a abordar. Este es tu plan de batalla.

Segundo paso:

Haz una pequeña cosa que te produzca orgullo y alegría. Limítate a limpiar el fregadero, a ordenar una estantería o a ordenar tu escritorio. Cualquier acción pequeña que realices cada día hará que te sientas menos caótico. Admira tu trabajo y revisa tu lista. Date un respiro. Has hecho un pequeño avance en el campo de batalla.

Tercer paso:

Crea un espacio de calma y tranquilidad para ti. Sí, como líder del equipo necesitarás un lugar que sea tuyo. Nada de juguetes tirados por ahí, nada de invadir la propiedad de los demás. Un refugio seguro al que puedas escaparte. Si es tu habitación o tu estudio o cualquier espacio, por pequeño que sea, que puedas llamar propio, entonces reclámalo y hazlo tuyo. Establece una línea divisoria. Dile a la familia cómo debe comportarse en tu espacio especial. Esta es tu "sala de operaciones", donde tienen lugar tus estrategias para resolver los problemas familiares.

Cuarto paso:

Señala tres áreas concretas que estén provocando que tus niveles de estrés se disparen. Aunque puede que sientas estrés por todas partes, es importante respirar hondo y buscar los peores puntos para hacer un buen trabajo positivo para solucionarlos. Dedica una página a la resolución de problemas para cada uno de ellos y decide sistemáticamente cómo resolverlos. Puede tratarse de algún tipo de desorganización en tu casa, o tal vez de un comportamiento que encuentres en tu hijo y que sea realmente molesto. ¿Este comportamiento se produce a la misma hora del día o es durante todo el día? Pregúntate cuándo es que estás más estresado y luego trata el problema, el momento o el comportamiento.

Aquí hay una breve descripción de una manera de hacer esto mientras todavía estás en la etapa de planificación de tu plan de batalla.

Escribe en tu agenda:

- Cuál es el problema.
- Qué puedo hacer al respecto.
- A continuación, pon en marcha algunos pasos para resolver el conflicto. Sé sincero contigo mismo: si tú eres el problema, empezar desde dentro hacia fuera te ayudará a alcanzar el punto de éxito más rápidamente. Si hay un momento del día especialmente difícil, quizás tu rutina esté desajustada. Si se trata de una acción particular de tu hijo, tal vez el problema de fondo sea tu estilo de crianza y sea necesario aplicar un poco de disciplina positiva.

Quinto paso:

Reúne a las tropas. Ahora que tienes tu plan de batalla, comienza con tu compañero de crianza y discute los planes que tienes para devolver el orden al caos. Explica tus motivos y ten un segundo el mando de tu lado. Analiza lo que pueden hacer juntos. Decidan algunos valores familiares y estén dispuestos a compartirlos con la familia. Fíjate en las edades de tus hijos y ten en cuenta sus niveles de desarrollo y su capacidad para concentrarse en tus planes. Es muy importante que todos acepten las nuevas rutinas y proyectos.

Sexto paso:

Celebra una reunión familiar en la que tú y tu pareja expliquen el nuevo régimen.

Todo el mundo tiene que estar de acuerdo. A cada miembro de la familia se le asignará una responsabilidad que sea manejable para su edad. Se les dirá a todos que la hora de la comida en familia no es negociable. Toda la familia se sentará a comer junta. Empieza con algo pequeño y especifica la frecuencia de las comidas familiares según el horario de la familia. Puedes dar la noticia en una reunión, cuando todos estén sentados juntos y tengas un público cautivo.

Paso siete:

Crea rutinas familiares. Reserva tres momentos del día en los que te gustaría que hubiera una rutina organizada. Piensa en la mañana, el mediodía y la noche para tus tres momentos clave y empieza por uno de ellos. Elabora la secuencia y haz que la familia la ponga en práctica.

Puedes elaborar una tabla como ésta para las rutinas de tu familia. Cada persona es diferente, por lo que estas son sólo directrices y siempre hay espacio para la flexibilidad.

MAÑANA	MEDIODÍA	NOCHE:
Levantarse y vestirse.	Llegar a casa o estar en la escuela para la atención extraescolar y los deportes	La hora del baño y la preparación para la cena y la hora de acostarse.
Desayunar.	Comer la comida y pasar un rato de relax.	Disfrutar de la comida en familia.
Cepillarse los dientes	Desempacar la mochila escolar y hacer los deberes.	Lavarse los dientes y prepararse para ir a la cama.
Peinar el cabello para que luzca ordenado	Leer algo de un libro o estudiar.	Cuento antes de dormir y finalización tranquila del día.
Revisar la mochila escolar.	Guarda tus deberes. Ten tiempo libre o deportes recreativos.	Di buenas noches y apaga las luces para dormir bien hasta la mañana.
Prepararse para el autobús o el auto de mamá.	Ordena tu habitación si es necesario.	Es hora de que los padres tengan su propio tiempo y espacio personal.
Disfrutar de la mañana en el colegio.	Agradece la tarde que has pasado aprendiendo y divirtiéndote.	Dormir plácidamente en un entorno libre de caos.

Cuadros como éste son sólo una guía y hacen que todos sientan que hay un plan, y la idea es ganar la batalla al caos y encontrar el orden en el hogar y la rutina.

El simple hecho de tener hábitos, marcará una gran diferencia en la paz interior y la tranquilidad del hogar. Una rutina reduce los niveles de estrés y proporciona una base de paz y calma para la familia. Además. añade más tiempo al día porque el horario está estructurado e incluso se dispone de tiempo para la libertad de elección. Las familias que siguen una, experimentan menores niveles de estrés, mejores hábitos de salud y se sienten más productivas.

Tener una rutina te ayudará definitivamente a salir del molde del caos y a llevar un estilo de vida más saludable.

Una vez que hayas abordado el caos que rodeaba el espacio vital de la familia y la forma en que llevaban sus vidas en el día a día, entonces céntrate en las habilidades de crianza positiva e implementa la disciplina positiva en tu hogar.

¿Cómo se empieza a aplicar la crianza positiva y, en particular, la disciplina positiva?

Barack Obama, un presidente norteamericano, dijo esto:

"Proporcionar mucho amor balanceado por la estructura y la disciplina".

— BARACK OBAMA

Aquí algunas sugerencias sobre cómo aportar esa estructura y disciplina al mismo tiempo que se comienza con la crianza positiva. Son estos conceptos los que apoyarán tu misión de ser un padre positivo y traer la paz a tu hogar.

Aquí hay 7 consejos para obtener la armonía en tu hogar a través de la crianza positiva:

1. Poner límites razonables:

Los límites están ahí para protegerte como padre, para que a su vez puedas proporcionar las mejores habilidades de crianza a tu hijo. Comunicar respeto por los progenitores y enseñar a los hijos a respetar es una buena habilidad de vida para el presente y para el futuro, cuando ellos también puedan ser padres.

2. Procura ser firme, pero cariñoso al mismo tiempo:

Tratar a los niños con un tono de voz firme pero afectuoso ayuda a que se sientan seguros con tu modelo de crianza. Mantén un tono de voz disciplinario moderado, sin gritar, pero con firmeza y coherencia.

3. Utiliza las consecuencias naturales como forma de enseñar a tu hijo:

Hay muchas oportunidades de utilizar las consecuencias naturales para reforzar un punto sobre el seguimiento del comportamiento correcto. Los niños pequeños, en particular, quieren desafiar las normas de los padres. La vocecita que dice que "no" todo el tiempo y se niega a ponerse una chaqueta cuando hace frío podría sentir la repercusión de pasar frío en una excursión. Por supuesto, habrías metido una chaqueta en el coche, pero deja que tu hijo pequeño sienta el frío y la secuela de no llevarla, para que se dé cuenta de que mamá o papá tenían razón y hay que hacerles caso. Se trata de consecuencias naturales que conducen al aprendizaje de lecciones.

4. Ayuda a los niños a ver la lógica de tu disciplina como padre:

Ayudar a los niños a ver una lógica detrás de tu acción disciplinaria es otra forma útil de empezar con la crianza positiva. Por ejemplo, mantener los rompecabezas ordenados significa que se pueden completar más tarde y que no se perderán las piezas. Eso significa que hay una razón para guardar las cosas con cuidado.

5. Sé un buen modelo de conducta y muestra una actitud de respeto hacia los demás:

Si quieres que tus hijos te respeten como padre, es importante que les respetes a ellos. Sigue mi ejemplo y muestra amabilidad y gentileza con los otros, si eso es lo que te gustaría que te mostraran a ti. Practica el decir "por favor" y "gracias" como muestra de respeto. Ayuda a los niños a fijarse en los buenos modelos de conducta y a estar dispuestos a copiar sus cualidades.

6. Desarrolla sentimientos de empatía:

Conoce qué y cómo puede comportarse tu hijo en determinadas etapas de su vida. Esto te permitirá relacionarte con los momentos que atraviesa y te ayudará a empatizar. Al mismo tiempo, comparte la empatía con tus hijos.

7. Trabaja el "tiempo dentro" en lugar del "tiempo fuera":

El tiempo dentro es una herramienta poderosa. El principio del "tiempo dentro" consiste en apartar al niño de la situación en la que se ha portado mal y, junto con sus padres, dedicarle un momento a una sesión individual con uno de sus progenitores. Durante este tiempo padre e hijo pueden analizar la situación y el niño será disciplinado en consecuencia.

8. Aprende a conectar con tus hijos:

La comunicación en el nivel adecuado es una parte muy importante de la crianza positiva. Esto significa ser capaz de entender de qué es capaz tu hijo en sus etapas específicas y construir esa conexión a través del juego y pasando tiempo de calidad con él. Es un proceso de vinculación desde una edad temprana.

Cuando tu hijo nace, ese lazo comienza a crecer y cada poco de tiempo que pongas en construir ese vínculo contará para construir una gran relación con tu hijo.

9. Dedica tiempo a las actividades familiares:

El relacionamiento con la familia en su conjunto crea recuerdos especiales y valores familiares para compartir.

10. Ten un estilo de crianza de amor incondicional:

Enséñale a tu hijo, mediante el afecto y la crianza positiva, que por muchos errores que cometa sigue siendo amado y apreciado por ti y que es una parte muy importante de tu hogar.

"La infancia es efímera, así que deja que los niños sean niños y valora el tiempo que tienen juntos". Palabras de sabiduría de Abraham Lincoln. El decimosexto presidente de los Estados Unidos, que lo sabía todo sobre el caos, ya que dirigió la nación durante la Guerra Civil Estadounidense.

Llevar la paz a tu hogar es probablemente el atributo más buscado en la paternidad. Es el resultado deseado de todas las aportaciones de la crianza de los hijos, a través de intentar acertar con la crianza positiva y su nuevo estilo de disciplina. Piensa en lo que significa para ti la tranquilidad en el hogar. Es posible que tu casa no siempre parezca ni suene tranquila. Los niños tienen energía y están ocupados, pero el sentimiento subyacente desde tu perspectiva debería ser de paz en el ambiente. Esta sensación proviene de la colocación de los bloques que construyen los límites que rodean la crianza positiva. Cuando tengas una base sólida sobre la que construir y puedas referirte al estilo de crianza en el que creas, deberías empezar a experimentar ese sentimiento.

Hay una entrañable plantita llamada cariñosamente "paz en el hogar". Esta plantita necesita algo de sol, no demasiado, calor y agua. Le encanta estar en la cocina, la parte nutritiva de la casa. Si la tienes y la cultivas con éxito, adornará tu casa como un ejemplo de paz, a la vez que desprende oxígeno para ayudarte a limpiar el aire. Comparte la paz en tu hogar y observa cómo crecen tus hijos.

"Cuando invitas a la gente a tu casa, la invitas a ti".

— OPRAH WINFREY

Ten en cuenta estas palabras y añade también una planta de paz en tu hogar. Así, a través de la conexión con la naturaleza y la crianza de tus hijos, podrás afrontar las batallas y salir triunfante.

CONCLUSIÓN:

Ya has leído el libro, has tomado nota de los consejos para la crianza de los hijos y, con suerte, has llenado de combustible tu avión para volar con las dos alas intactas y el depósito lleno de amor incondicional. Este libro de crianza positiva, con los consejos sobre cómo disciplinar con intenciones libres de culpa, tiene las dos alas de tu avión. El conocimiento y la habilidad a los que se refería Wilbur Wright en los días en que comenzó la aviación.

Este libro tiene como objetivo ayudarte a volar, navegar y comunicarte a través de tu viaje como padre. Puede que haya habido turbulencias en el camino, pero con los capítulos que te ofrecen una visión del desarrollo infantil y de los primeros años de la vida de un niño, deberías tener una mejor idea de cómo poner en práctica las nuevas habilidades. El análisis de los diferentes estilos de crianza a través de la auditoría de la paternidad, debería ayudarte a ver qué hacer y qué evitar. Los indicadores y los recordatorios de la buena y la mala crianza dan a los padres la oportunidad de evaluar dónde se encuentran sus habilidades en el momento actual. Nadie es perfecto, pero todos pueden tomar medidas para mejorar sus capacidades y conocimientos.

El cambio no siempre es fácil y encontrar buenos modelos de conducta cuando te embarcas en algo nuevo es un reto. Descubrir que uno debe ser un buen ejemplo tampoco es sencillo. Se dice que los niños recuerdan mucho más cómo les hicieron sentir sus padres que lo que les hicieron hacer. Entrar en contacto con tus sentimientos, así como con los de tus hijos, requiere un profundo sentido de la empatía y respeto mutuo.

Este es un libro práctico, y cada capítulo tiene sugerencias sobre cómo empezar a ejercer la paternidad positiva. Consulta los cuadros comparativos para tener una idea cabal de lo que hay que hacer y lo que no. Mírate sinceramente en el espejo que describe la buena y la mala crianza. Si reconoces alguna de las cualidades mencionadas, tómate el tiempo de ser honesto contigo mismo, y cambia.

La Oración de la Serenidad, conocida por muchos por ayudar a hacer cambios y ser realista sobre lo que puedes y no puedes cambiar, puede ayudarte en tu papel de padre:

Pide **serenidad** para aceptar las cosas que no puedes cambiar.
Valor para cambiar las cosas que sí puedes,
Y **sabiduría** para saber la diferencia.

La serenidad aporta paz y calma a la crianza de los hijos. El coraje es la fuerza que necesitas para afrontar los momentos de tensión. La valentía te ayuda a hacer los cambios y a afrontar el miedo al fracaso que puedas tener al asumir este nuevo papel en tu vida.

La sabiduría es el conocimiento y la experiencia que adquirirás con la lectura de este libro, el que podrás consultar en numerosas ocasiones para levantar la moral y marcar las casillas de la paternidad que personalmente te corresponden.

Este libro puede ayudarte a ver la diferencia entre lo que se puede cambiar y lo que tienes que trabajar de la mejor manera posible. ¿Estás preparado para practicar el amor incondicional y aprender a hablar y escuchar a tu hijo? ¿Puedes cambiar tu idea del tiempo frente a la pantalla basándote en los consejos de este libro? ¿Te darás cuenta de que trabajar en la construcción de la confianza con tu hijo es la respuesta a muchos otros problemas?

El último capítulo se habla de convertir el "campo de batalla" en un "lugar pacífico". Esa sería la recomendación definitiva para el libro y su contenido. Empieza por resolver los problemas negativos y el caos en tu hogar y convierte la zona de guerra en un lugar de paz. Utiliza las dos alas del avión, el Yin y el Yang de la armonía para mejorar tu entorno. Observa y escucha la diferencia mientras construyes una confianza y unos vínculos emocionales más profundos con tus hijos.

Siempre habrá escépticos en el camino. Los optimistas y los pesimistas que comentan tu viaje. Siempre hay dos caras en una historia y una puede resonar con la otra si buscas lo positivo con lo negativo.

"Tanto los optimistas como los pesimistas contribuyen a nuestra sociedad"

dice Gil Stein, arqueólogo, autor de "Repensar los sistemas mundiales".

"¡El optimista inventó el avión y el pesimista el paracaídas!"

— GIL STEIN

Se espera, con toda sinceridad, que este libro haga volar con optimismo tu avión de la paternidad. Que tengas siempre un paracaídas en el que apoyarte cuando los tiempos sean difíciles, y necesites un suave paseo hacia un aterrizaje feliz.

FIN

www.ingramcontent.com/pod-product-compliance
Lightning Source LLC
Chambersburg PA
CBHW030907080526
44589CB00010B/179